日本語へようこそ

Otto Maderdonner

Nihongo e Youkoso

Japanischkurs für Anfänger

öbv&hpt

www.oebvhpt.at
www.e-LISA.at

目次

Inhaltsverzeichnis

目次

Inhaltsverzeichnis

目次

Inhaltsverzeichnis

目次

Als weitere Lernhilfe sind jene Zeitwörter auf **-iru** und **-eru** mit einem Stern (*) markiert, die die Endsilbe bei der Bildung der standard-höflichen Formen behalten. Vergleichen Sie diese Beispiele:

kaeru* 帰る heimgehen
bildet **kaeri-masu** etc.

kaeru 替える wechseln
bildet **kae-masu** etc.

Die wenigen Verben, die Unregelmäßigkeiten in der Formenbildung aufweisen, tragen zwei Sterne (**):

aru** ある existieren (unbelebt)	bildet die einfache Verneinung mit **na-**
da** だ Kopula „sein"	bildet standard-höfliche Formen **desu** etc.
iku** 行く gehen	bildet den Stamm der Bindeform mit **itt-**
kuru** 来る kommen	bildet standard-höfliche Formen mit **ki-**
suru** する tun, machen	bildet standard-höfliche Formen mit **shi-**

Inhaltsverzeichnis

1 はじめまして Hajimemashite!

1 Bringen Sie die Aussagen in die richtige Reihenfolge (1 – 5).

Kimura Yuki
gakusei
Sapporo

Ueda Akira
koukousei
Sendai

Matsui Fujiko
OL
Toukyou

Ookawa Hiroshi
kaisha-in
Oosaka

Yamamoto Youko
gakusei
Fukuoka

Merken Sie sich diese Redewendungen und Wörter:

hajimemashite	≈ Nett, Sie/dich kennen zu lernen
(douzo) **yoroshiku o-negai shimasu**	*hier*: ≈ auf gute Freundschaft!
watashi wa … to iimasu	Ich heiße …
watashi wa … desu	Ich bin …
(watashi wa) **… kara kimashita**	(Ich) komme aus …
(ima) … ni sunde imasu	Ich wohne (jetzt) in …
gakusei Student(in)	**koukousei** Oberstufenschüler(in)
OL (gesprochen **oo-eru**) Büroangestellte	**kaisha-in** Angestellter einer Firma

A Studieren Sie nochmals die Daten bei den Fotos und decken Sie sie dann zu.
Füllen Sie hier die Wohnorte ein:

Matsui-san
Ueda-san
Yamamoto-san **wa** ________ **ni** sunde imasu.
Kimura-san
Ookawa-san

Wissen Sie, welcher Punkt welche Stadt darstellt?

B Mit diesem Quiz erweitern Sie Ihr Wissen über Japan. Tragen Sie den Buchstaben der richtigen Lösung jeweils unten ein, und Sie erhalten den Namen des Zugs, der mit 300 km/h über die Inseln braust.

1 Japan besteht aus mehr als 6800 Inseln. Wie viel Prozent der Landesfläche entfällt auf die Hauptinseln *Hokkaidou, Honshuu, Shikoku* und *Kyuushuu*?

Q 44 % **R** 71 % **S** 98 %

2 68 % Prozent der Landesfläche sind Gebirgsregionen. Wie hoch ist Japans höchster Berg *Fuji-san*?

G 1234 Meter **H** 3776 Meter **I** 6789 Meter

3 43 % der 126 Mio. Einwohner leben in und um *Toukyou, Oosaka* und *Nagoya*. Wie viele leben im Ballungsraum *Toukyou*?

I ca. 23 Mio. **K** ca. 44 Mio. **L** ca. 57 Mio.

4 Bis 1868 war *Kyouto* Sitz des Kaisers, seither ist es *Toukyou*. Wie nennt man den Kaiser?

M *Shushou* **N** *Tennou* **O** *Daimyou*

5 Schulpflicht herrscht in Japan bis zum 15. Lebensjahr. Wie viel Prozent gehen bis 18 Jahre in die Schule?

H 33% **I** 59% **K** 97%

6 Die Schrift besteht aus den Silbenreihen *Hiragana* und *Katakana* mit je 46 Zeichen. Dazu kommen noch ca. 2000 chinesische Schriftzeichen. Wie nennt man diese?

A *Kanji* **B** *Sanskrit* **C** *Hangul*

7 Gemüse und Fisch stehen häufig auf dem Speiseplan. Was ist aber das Hauptnahrungsmittel?

L Kartoffeln **M** Brot **N** Reis

8 Neben den traditionellen japanischen sind auch westliche Sportarten sehr beliebt. Was ist der beliebteste Mannschaftssport?

R Tennis **S** Baseball **N** Golf

9 Traditionelle Künste sind das Blumenstecken *Ikebana* und die Teezeremonie *Chanoyu*. Wie nennt man die Kunst des Papierfaltens?

E *Origami* **F** *Kendou* **G** *Sushi*

10 Comics sind eine sehr beliebte Lektüre in Japan. Wie nennt man diese?

L *Anime* **M** *Sashimi* **N** *Manga*

Die richtige Lösung lautet:

C Gehen Sie zurück zu **1** und studieren Sie die Berufe der jungen Japanerinnen und Japaner. Verbinden Sie dann diese Sätze zu richtigen Aussagen.

Matsui-san wa	gakusei	desu.
Ueda-san wa	koukousei	
Yamamoto-san wa	kaisha-in	
Kimura-san wa	OL	
Ookawa-san wa		

Junge Leute in Japan genießen meist 12 bis 16 Jahre Bildung. Diese umfasst:

6 Jahre Volksschule	6 – 12
3 Jahre Mittelstufe	13 – 15
3 Jahre Oberstufe	16 – 18
4 Jahre Universität	19 – 22

Die meisten jungen Leute beginnen die Berufslaufbahn mit 19 oder 22 Jahren.

D Ordnen Sie diesen Sätzen die deutschen Entsprechungen zu.

1 Watashi wa gakusei desu.	a Ich bin Angestellter (einer größeren Firma).
2 Watashi wa Kyuushuu kara kimashita.	b Ich bin (Büro-)Angestellte.
3 Watashi wa koukousei desu.	c Ich bin Oberstufenschüler(in).
4 Watashi wa Suzuki Jun to iimasu.	d Ich bin Student(in).
5 Watashi wa OL desu.	e Ich heiße Jun Suzuki.
6 Watashi wa Sapporo ni sunde imasu.	f Ich komme aus Kyushu.
7 Watashi wa kaisha-in desu.	g Ich wohne in Sapporo.

Berufsbezeichnungen sind für gewöhnlich geschlechtsneutral, aber traditionell gab es (und gibt es zum Teil noch immer) die Trennung in OL (*office lady*), die Sekretariatsarbeiten verrichten, und **kaisha-in** für männliche Angestellte, die im Lauf ihres Berufslebens in der Firmenhierarchie hochklettern.

E Hier sind einige Namen von Ländern und Städten im deutschsprachigen Raum, wie sie in Japan verwendet werden. Können Sie sie erkennen? Falls Ihr Wohnort nicht dabei ist, fragen Sie Ihre(n) Lehrer(in).

Doitsu	Berurin	Furankufuruto
Oosutoria	Uiin	Myunhen
Suisu	Berun	Chuurihhi

F Beschreiben Sie sich nun selbst, indem Sie diese Sätze vervollständigen. Ihre Berufsbezeichnung können Sie wieder erfragen.

Hajimemashite!

Watashi wa ______________________________ to iimasu.

______________________________ kara kimashita.

Ima ______________________________ ni sunde imasu.

______________________________ desu.

Yoroshiku o-negai shimasu!

G Gratuliere, die ersten Schritte sind getan! Studieren Sie nun die Hinweise, die Ihnen den weiteren Weg durch das Lehrbuch ebnen.

Beginn eines neuen Lernabschnitts

Dieses Buch umfasst 22 Lernabschnitte, die wiederum in Aktivitäten untergliedert sind. Diese sind mit Buchstaben versehen. Hörübungen sind dagegen nummeriert.

A Liebe Lerner, *willkommen bei Japanisch!*

2 Ordnen Sie die Grüße der richtigen Uhrzeit zu.

Die Anweisungen erfolgen in diesem Band in deutscher Sprache, um nicht noch zusätzliche Hürden in den Erwerb der japanischen Sprache einzubauen.

Neuen Wort- und Phrasenschatz finden Sie mit der deutschen Bedeutung unmittelbar in der Aktivität, um das Verständnis zu sichern und unnötige Nachschlagearbeit zu vermeiden. Ein alphabetisches Verzeichnis der im Lehrbuch vorkommenden Wörter und Phrasen finden Sie in Abschnitt 23.

hajimemashite	≈ Nett, Sie/dich kennen zu lernen
(douzo) yoroshiku o-negai shimasu	*hier:* ≈ auf gute Freundschaft!
watashi wa … to iimasu	Ich heiße …
watashi wa … desu	Ich bin …
(watashi wa) … kara kimashita	(Ich) komme aus …
(ima) … ni sunde imasu	Ich wohne (jetzt) in …
gakusei Student(in)	koukousei Oberstufenschüler(in)
OL (gesprochen oo-eru) Büroangestellte	kaisha-in Angestellter einer Firma

Zu Beginn wird zur Fixierung eine abgewandelte Form der Umschrift nach Hebpurn verwendet, die der Schreibweise in Kana-Silben am Nächsten kommt. Im weiteren Verlauf werden die neuen Wörter und Phrasen in Kana oder Kanji angeführt, bzw. die Umschrift in Kana als Aussprachehilfe beigefügt.

Redemittel mit deutscher Bedeutung stellen eine Hilfe zur aktiven Verwendung des erlernten Wort- und Phrasenschatzes in Rollenspielen dar. Durch unterschiedliche Schattierungen werden die Rollen verdeutlicht, wie in diesem Beispiel:

Partner A

.... desu.

Ich bin ...

Partner B

Watashi wa .... desu.

Ich heiße ...

Partner A

Hajimemashite. Douzo yoroshiku.

Nett, Sie kennen zu lernen. Sehr erfreut.

Partner B

Kochira koso douzo yoroshiku.

Ganz meinerseits.

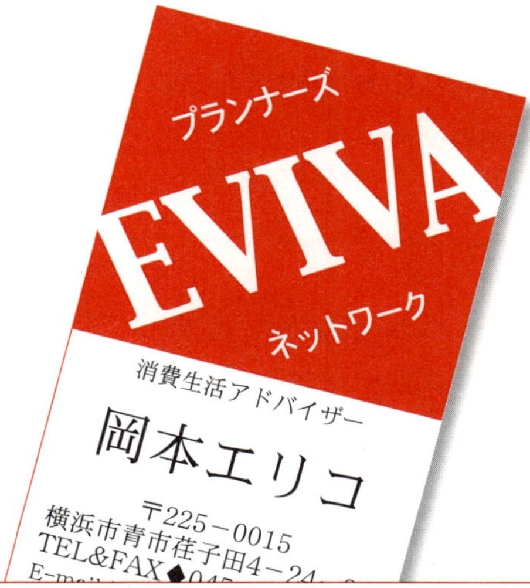

Wenn man geschäftlich mit Japanern zu tun hat, ist es üblich, bei der Vorstellung auch eine Visitenkarte zu überreichen.

Wenn Sie eine Visitenkarte erhalten, zeigen Sie Respekt, indem Sie diese eingehend studieren.

Wichtig ist auch, niemals auf der Visitenkarte des Partners Notizen anzubringen!

Die japanische Kultur kennt viele Regeln, durch deren Einhaltung man Respekt vor der fremden Kultur bezeugt. Daher finden Sie häufig Fotos sowie Informationsboxen mit Hinweisen zum kulturell entsprechenden Handeln, das ebenso wichtig ist wie die Verwendung richtiger Phrasen.

Informationsboxen haben immer einen roten Rahmen mit einem verlaufenden Punkt.

In grau-weißen Rahmen finden Sie Hinweise zu sprachlichen Eigenheiten und Grammatik.

Japanisch gehört zu den agglutinierenden Sprachen und weist folgende Eigenheiten auf:

1 Wortstellung: Das Subjekt steht am Satzanfang, das Verb am Satzende. Alle anderen Satzteile werden dazwischen eingefügt.
   Watashi wa .... desu.

2 Anstelle von Endungen wie im Deutschen stellt man Partikeln hinter die Substantive, um die Beziehungen im Satz klarzumachen.
   Watashi wa .... ni sunde imasu.

3 Partikeln sind gebundene Wörter, d. h. sie haben keine Bedeutung und können nicht alleine in einem Satz verwendet werden. (vgl. Artikel, Präpositionen etc. im Deutschen)

2 日本語へようこそ Nihongo e youkoso!

A Liebe Lerner, *willkommen bei Japanisch!*

Sprache und Kultur sind untrennbar miteinander verbunden.
Daher vermittelt dieses Buch Kenntnisse der modernen Sprache und Kultur.

Moderne Methodik führt Sie schneller zum gewünschten Ziel.
Daher bietet dieses Buch Aktivitäten und Tipps zum mühelosen Lernen.

2 Richtig Grüßen ist ein erfolgreicher Start. Ordnen Sie die Grüße der richtigen Uhrzeit zu.

ja mata | konban wa | konnichi wa | o-hayou gozaimasu | o-yasumi nasai | sayounara

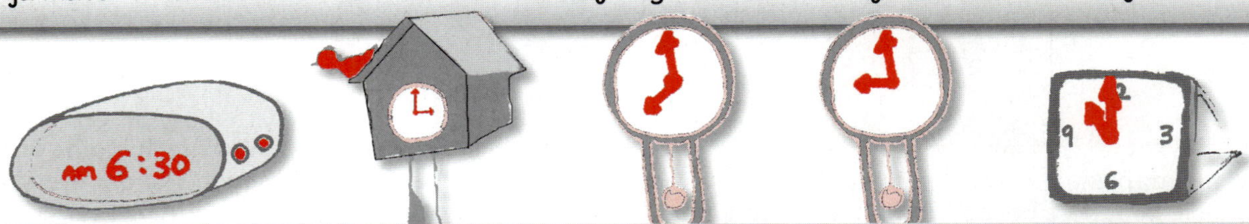

Es gibt verschiedene Arten, Japanisch mit Lateinbuchstaben zu transkribieren.
Hier sind einige Hinweise, wie die Umschrift in diesem Buch verwendet wird:

Vokale werden fast wie im Deutschen gesprochen, aber:
Kurze oder lange Selbstlaute entscheiden die Bedeutung: biru – *Gebäude,* biiru – *Bier*
ou spricht man wie langes oo, ei wie langes ee. Wörterbücher verwenden statt ou oft ō.
u und i sind zwischen stimmlosen Lauten wie s oder am Wortende kaum hörbar.

Konsonanten werden ähnlich wie im Englischen gesprochen.

chi	liegt zwischen zi wie in *Ziegel* und tschi.
n	ist meist wie n in *Hang,* passt sich aber manchmal dem folgenden Laut an: vor b und p wird es zu m, vor d, n und t wird es zu n wie in *Hand.*
j	ist weich wie im englischen Wort *jam.*
y	ist wie j in *Jahr.*
z	ist ein ganz weich gesprochenes ds, wobei das d kaum zu hören ist.

B Decken Sie die Grußformeln ab und wiederholen Sie:

Morgens und vormittags sagt man: ____________________

So lange es hell ist, grüßt man mit: ____________________

Wenn es dunkel wird, grüßt man: ____________________

Vor dem Schlafengehen sagt man: ____________________

3 Auch in Japan ist das Wetter ein gutes Gesprächsthema. Hören Sie zu und schreiben Sie die richtigen Nummern in die Kreise (1–5).

C Welche Sätze passen zusammen? Ordnen Sie die deutschen Entsprechungen zu.

1 Hontou ni ii tenki desu ne. →	a Es ist wirklich schönes Wetter, nicht wahr?
2 Ee, totemo samui desu ne.	b Ja, das Wetter ist wirklich schlecht, nicht?
3 Ee, hontou ni yoku furimasu ne.	c Ja, es ist sehr kalt, nicht wahr?
4 Ee, hontou ni iya na tenki desu ne.	d Ja, es ist wirklich heiß, nicht wahr?
5 Ee, hontou ni atsui desu ne.	e Ja, es regnet wirklich stark, nicht wahr?

4 Studieren Sie diese Wörter. Haken Sie dann die Wörter ab, die Sie im Gespräch hören.

atsui	heiß	Berun	Bern	Rainaa	Rainer
ii ✔	gut	Uiin	Wien	Fujiko	weiblicher Vorname
samui	kalt	Furankufuruto	Frankfurt	Fujio	männlicher Vorname
warui	schlecht	watashi	ich	Eriko	weiblicher Vorname
paatii	Party	Chuurihhi	Zürich	Masayoshi	männlicher Vorname
o-tenki	Wetter	Guraatsu	Graz	o-hayou gozaimasu	guten Morgen
totemo	sehr	Sapporo	Stadt in Hokkaido	konnichi wa	guten Tag
hontou ni	wirklich	Toukyou	Hauptstadt Japans	konban wa	guten Abend
anata	Sie	Nagoya	Stadt in Mitteljapan	o-yasumi nasai	gute Nacht
Amerika	Amerika	Oosaka	Stadt in Westjapan	hajimemashite	Nett, Sie kennen zu lernen.
Afurika	Afrika	o-namae	Ihr/dein Name	yoroshiku o-negai shimasu	Auf gute Freundschaft!
Doitsu	Deutschland	juusho	Adresse		
Suisu	Schweiz	denwa-bangou	Telefonnummer		
Oosutoria	Österreich	Zabiine	Sabine	douzo	≈ bitte(schön)
Berurin	Berlin	Marion	Marion	kochira koso	ganz meinerseits

D Setzen Sie Ihre persönlichen Angaben ein und spielen Sie diesen Dialog mit PartnerInnen.

Ii paatii desu ne.
Tolle Party, was?

Ee, totemo ii desu ne.
Ja, ganz toll.

Anata wa Amerika no kata desu ka?
Sind Sie aus Amerika?

Iie, ... kara kimashita. .... desu.
Nein, ich komme aus ... (Land). Aus ... (Stadt).

Sou desu ka.
Watashi wa .... kara desu.
Aha. Ich bin aus ...

.... ni sunde imasu.
Ich wohne in ...

A, sou desu ka. O-namae wa?
Aha. Wie heißen Sie?

.... desu.
Ich bin ...

Watashi wa .... desu.
Ich heiße ...

Hajimemashite. Yoroshiku o-negai shimasu.
Nett, Sie kennen zu lernen. Sehr erfreut.

Kochira koso douzo yoroshiku.
Ganz meinerseits.

Neben Aussprache und Betonung ist auch die Körpersprache von entscheidender Bedeutung.
In Japan ist es üblich, sich zu verbeugen, wenn man **hajimemashite**, **yoroshiku** etc. sagt.

5 Hören Sie den Anfang der Konversation und kreuzen Sie die passende Antwort an.

1
- ❍ O-hayou gozaimasu.
- ❍ Konnichi wa.
- ❍ O-yasumi nasai.

2
- ❍ Konnichi wa.
- ❍ Konban wa.
- ❍ O-yasumi nasai.

3
- ❍ Ee, totemo samui desu ne.
- ❍ Ee, hontou ni atsui desu ne.
- ❍ Ee, hontou ni yoku furimasu ne.

4
- ❍ Ee, hontou ni ii tokoro desu ne.
- ❍ Ee, hontou ni ii paatii desu ne.
- ❍ Ee, hontou ni ii tenki desu ne.

5
- ❍ Ee, hontou ni ii tokoro desu ne.
- ❍ Ee, hontou ni ii paatii desu ne.
- ❍ Ee, hontou ni ii tenki desu ne.

6
- ❍ Iie, watashi wa Doitsu kara desu.
- ❍ Iie, watashi wa Oosutoria kara desu.
- ❍ Iie, watashi wa Suisu kara desu.

7
- ❍ Watashi wa __________ desu.
- ❍ Watashi wa __________ kara desu.
- ❍ Watashi wa __________ ni sunde imasu.

8
- ❍ Konnichi wa.
- ❍ Kochira koso hajimemashite.
- ❍ Kochira koso douzo yoroshiku.

Die Umschrift in Lateinbuchstaben dient nur als anfängliche Lernhilfe.

JapanerInnen verwenden diese praktisch nie, denn bevor sie die Lateinschrift lernen, beherrschen sie schon die eigenen Silbenzeichen sowie viele Kanji, d. h. Schriftzeichen, die vor ca. 1500 Jahren aus dem Chinesischen übernommen wurden.

E Studieren Sie diese Beispiele eines *manga*.

Traditionell wird Japanisch von oben nach unten geschrieben.

Die erste Zeile ist die äußerste rechte, und der Text fließt nach links weiter.

Japanische Bücher werden auch andersrum gebunden: der Buchrücken befindet sich beim Aufschlagen auf der rechten Seite.

Daher werden auch die Bilder von rechts nach links betrachtet. Bei Übersetzungen von *manga* werden die Bilder manchmal spiegelverkehrt gedruckt, um die Werke wie gewohnt lesen zu können!

Das japanische Schriftsystem besteht aus:

Kana – Silbenzeichen, die nur Laute wiedergeben. Es gibt zwei Silbenreihen mit je 46 Zeichen (**Katakana und Hiragana**).

Kanji – Schriftzeichen chinesischen Ursprungs, die neben dem Laut auch eine Bedeutung haben.

Da sich das Erlernen der Kanji über die gesamte Schulzeit erstreckt, werden manchmal – wie in diesem *manga* – *furigana* dazu gestellt. Diese zeigen für junge Leser die Aussprache der Kanji.

F Willkommen im Reich der Zeichen!

Ordnen Sie die Bilder den entsprechenden deutschen Bedeutungen zu.

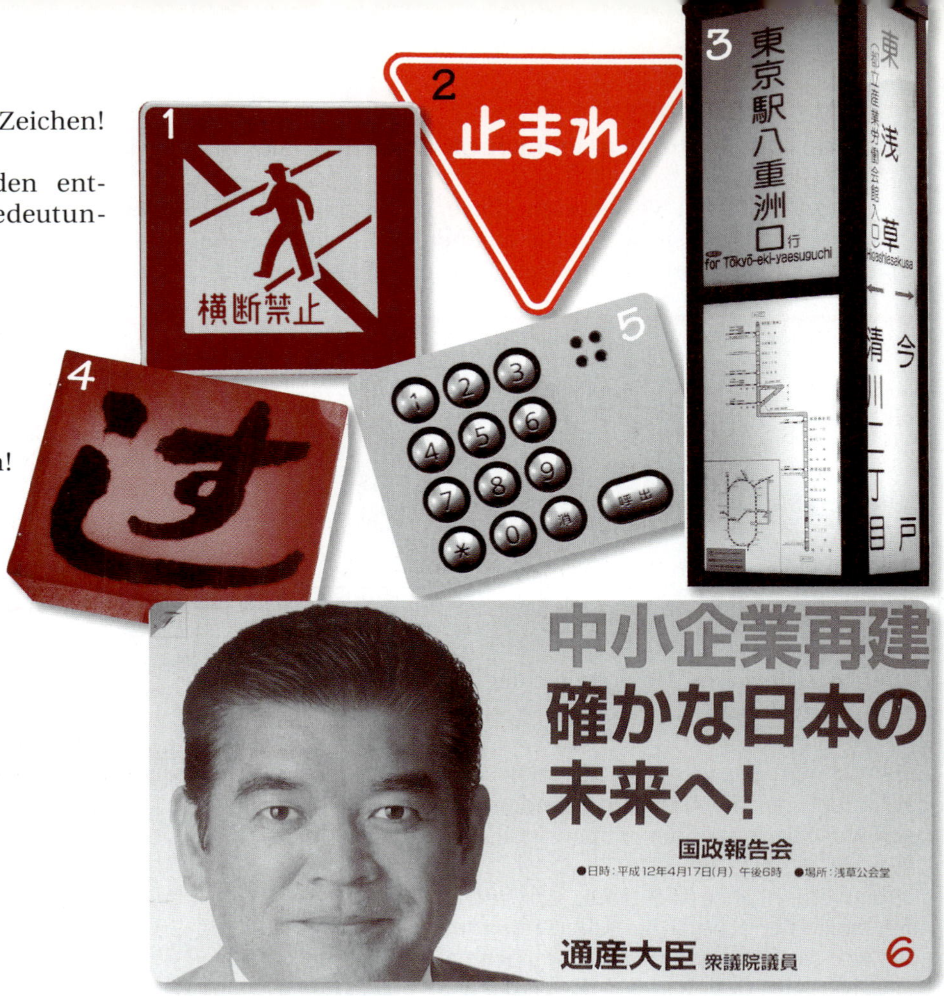

- ◯ Wählt mich!
- ◯ Überqueren verboten!
- ◯ Türsprechanlage
- ◯ Sushi-Bar
- ◯ Stopp!
- ◯ Bushaltestelle

> Wie die Beispiele aus dem Straßenbild von *Toukyou* zeigen, wird Japanisch auch zunehmend waagrecht von links nach rechts geschrieben.
>
> Da sich der Trend in letzter Zeit verstärkt – auch Zeitschriften publizieren Texte manchmal waagrecht – folgt dieses Buch im Großen und Ganzen dem modernen Gebrauch.

G Lesen Sie die Aussagen und streichen Sie die falschen Teile durch.

Traditionell wird Japanisch	**von oben nach unten** **von links nach rechts**	**geschrieben.**	
Kana-Zeichen haben	**neben der Aussprache auch eine Bedeutung.** **wie Buchstaben keine eigene Bedeutung.**		
Chinesische Zeichen werden	**Kanji** **Katakana**	**genannt und besitzen**	**immer nur eine Bedeutung.** **oft mehrere Aussprachen.**

3 カタカナ 1 Katakana 1

A Konzentration macht das Aufnehmen von neuem Lernstoff viel leichter. Befolgen Sie die Anweisungen.

1 Drücken Sie die Zunge drei Sekunden lang fest gegen den Gaumen.
2 Entspannen Sie sich und zählen Sie bis sieben.
3 Drücken Sie die Zunge wieder drei Sekunden fest gegen den Gaumen.
4 Entspannen Sie sich und lesen Sie die folgenden Erklärungen.

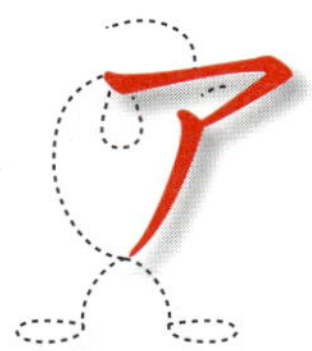

__A__USSERIRDISCH

1 Wenn Sie mit dem Lernen einer Silbe beginnen, studieren Sie zuerst das Bild am linken Rand. Das Bild zeigt in roter Farbe das Silbenzeichen und zusätzlich schwarz strichliert die Merkhilfe.

2 Dazu gibt es in der ersten Spalte den passenden Merkspruch, der die Aussprache des Silbenzeichens **__fett und unterstrichen__** enthält.

3 Studieren Sie als nächstes die Strichfolge des Zeichens. Diese finden Sie unter dem Merkspruch, und sie zeigt von links nach rechts, wie die Einzelstriche verlaufen.

4 Prägen Sie sich das Bild, den Merkspruch und die Strichfolge ein und schließen Sie die Augen. Das Bild kann sich in Ihrer Fantasie bewegen, zum Beispiel können Sie sich vorstellen, wie zwei Außerirdische miteinander tanzen, oder Ähnliches.

5 Nach einiger Zeit schreiben Sie die Zeichen mit ausholenden Bewegungen drei Mal in die Luft und sprechen es dazu aus, zum Beispiel **A** – **A** – **A**.

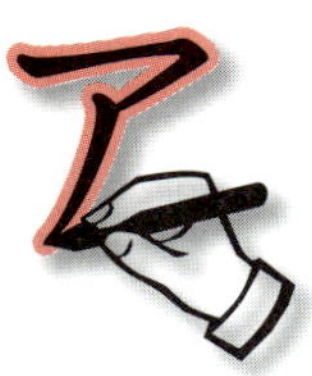

6 Danach studieren Sie nochmals die Strichfolge und ziehen die Zeichen in den Kästchen nach. Dazu verwenden Sie am besten einen weichen Bleistift.

7 Abschließend schreiben Sie das Zeichen nochmals selbst in die leeren Kästchen und vergleichen Ihre eigene Schrift mit dem gedruckten Zeichen.

Die in der Folge verwendete Schriftart heißt Schulbuchschrift und stellt die Handschrift in ihrer idealen Form dar. Sie sollten versuchen, dem Ideal so nahe wie möglich zu kommen, denn die JapanerInnen legen viel mehr Wert auf eine schöne Handschrift als Europäer!

B Befolgen Sie die sieben Schritte, um sich die ersten sieben Zeichen einzuprägen.

マ	MAUS フ　マ	マ	マ	マ	マ	マ		マ
ヌ	NUSSKNACKER フ　ヌ	ヌ	ヌ	ヌ	ヌ	ヌ		ヌ
エ	ERBAUEN 一　T　エ	エ	エ	エ	エ	エ		エ
ラ	RADLA 一　ラ	ラ	ラ	ラ	ラ	ラ		ラ
ネ	NELKENVERKÄUFER 丶　ラ　ネ　ネ	ネ	ネ	ネ	ネ	ネ		ネ
メ	MECKIS MESSER ノ　メ	メ	メ	メ	メ	メ		メ
ツ	TSUFRIEDEN! 丶　丷　ツ	ツ	ツ	ツ	ツ	ツ		ツ

C Decken Sie die Tabelle ab und schreiben Sie die Zeichen in die Kreise oder die Aussprache darüber.

RA	____	TSU	____	NU	____	E
◯	マ	◯	メ	◯	ネ	◯

D Wie heißt die junge Dame? Lesen Sie den Namen und kreuzen Sie die richtige Lösung an.

マヌエラ・ネメッツ

❍ Marion Nemets

❍ Martina Nemecz

❍ Manuela Nemetz

❍ Marlene Nemec

- Da die japanische Schrift keine Leerzeichen zwischen Wörtern kennt, zeigen bei ausländischen Namen häufig Trennpunkte die Wortgrenze zwischen Vor- und Familiennamen an.
- **Außer a, i, u, e, o und -n gibt es nur Silben**. Einzelne Konsonanten werden mit schwachtonigen Silben umschrieben, z.B. **su** für **s**, **tsu** für **z**, **to** für **t** etc.
- **r** und **l** sind gleich, daher verwendet man die Silbe ラ für deutsches **ra** und **la**.
- **Die Umschreibung folgt der Aussprache, nicht der Originalschreibung.** Daher werden NEMEC, NEMETZ etc. gleich geschrieben.
- Dies gilt auch für Diphthonge: deutsches **ei** wird mit **ai**, **eu** mit **oi** wiedergegeben.
- Ein kleines ッ bedeutet, dass der Konsonant der nächsten Silbe verdoppelt wird.

E Befolgen Sie wieder die sieben Schritte, um sich die nächsten Zeichen einzuprägen.

ヨ	<u>YO</u>GAKASTEN フ ヲ ヨ	ヨ	ヨ	ヨ	ヨ	ヨ			ヨ
ハ	<u>HA</u>BT ACHT! ノ ハ	ハ	ハ	ハ	ハ	ハ			ハ
ン	<u>N</u> HINTEN! 丶 ン	ン	ン	ン	ン				ン
ノ	<u>NO</u>TE ノ	ノ	ノ	ノ					ノ
イ	<u>I</u>NDIVIDUUM ノ イ	イ	イ	イ	イ	イ			イ
ヤ	<u>YA</u>GDAUSRÜSTUNG フ ヤ	ヤ	ヤ	ヤ	ヤ				ヤ

F Die Person im Bild rechts heißt Johann Neumeyer. Ergänzen Sie den Namen mit den nach der Aussprache richtigen Silben.

□ハン・□イ□イヤー

Die Umschreibung folgt der Aussprache, nicht der Originalschreibung!

- Der Längenstrich ー zeigt, dass der **Vokal der vorangegangenen Silbe** lang ist.

G Ziehen Sie mit einem Lineal Striche zwischen den Punkten bei den Silben und jenen der dazu passenden Aussprache.

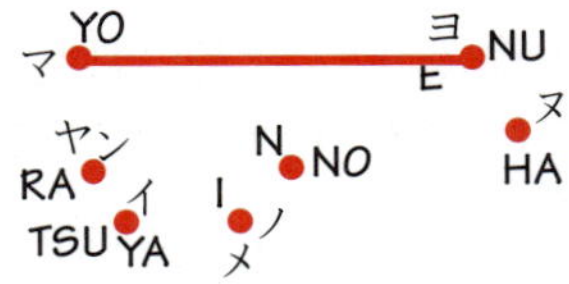

6 Diktat: Schreiben Sie die richtigen Zeichen in die Kästchen.

H Befolgen Sie wieder die sieben Schritte, um sich die nächsten Zeichen einzuprägen.

ト	**TO**ILETTENBESUCH 丨 ト	ト	ト	ト	ト	ト			ト
ス	**SU**PERSTAR フ ス	ス	ス	ス	ス	ス			ス
オ	**O**FFENSIV 一 十 オ	オ	オ	オ	オ	オ			オ
リ	**RI**TTER**LI**CH ｌ リ	リ	リ	リ	リ	リ			リ
ア	**A**USSERIRDISCH フ ア	ア	ア	ア	ア	ア			ア
ヘ	**HE**XENBESEN ヘ	ヘ	ヘ	ヘ	ヘ	ヘ			ヘ
ル	**LU**STIGES **RU**? ノ ル	ル	ル	ル	ル	ル			ル
ウ	**U**NGEHEUER ' ' ' ウ	ウ	ウ	ウ	ウ	ウ			ウ

- *Dakuten* (zwei kleine Striche rechts oben) verändern die Qualität des Konsonanten: **k**- wird **g**-, **s**- wird **z**-, **t**- wird **d**-, **h**- wird **b**-, z. B. Barbara: バーバラ

I Lesen Sie diese Länder- und Städtenamen und ordnen Sie die richtigen Nummern zu.

① ドイツ	○ ベ ル ン
② オーストリア	○ ウィーン
③ スイス	○ ベルリン

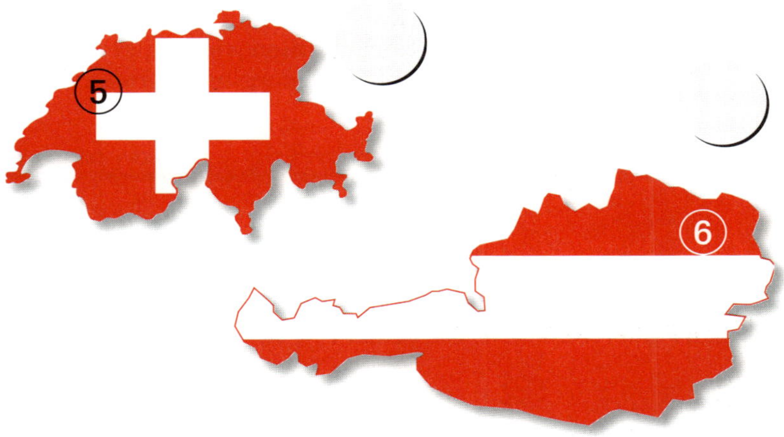

K Schreiben Sie die Aussprache des Zeichens in das Feld darunter.

ヌ　ア　ス　ン　ノ　メ　エ

7 Diktat: Schreiben Sie die richtigen Zeichen in die Felder.

L Ergänzen Sie die Merkhilfen mit den richtigen Zeichen.

8 Markieren Sie die Silben, die Sie hören. Wenn Sie alle markiert haben, gehen Sie zum nächsten Feld.

ヤ	ル	ラ	ヤ	ヘ
ド	マ	ツ	ル	ヨ
ン	イ	ノ	リ	ア
ハ	ヤ	メ	ス	ウ
ヌ	エ	ネ	ト	オ

ズ	イ	ツ	ル	ウ
ツ	ヤ	メ	リ	オ
ン	エ	ネ	ヤ	バ
ハ	ヌ	ラ	ス	ヘ
ヨ	マ	ノ	ト	ア

ヤ	ル	ラ	ヤ	ヘ
ツ	マ	ド	ル	ヨ
ン	イ	ノ	リ	ア
ハ	ヤ	メ	ス	ウ
ヌ	エ	ネ	ト	オ

ウ	イ	ツ	ル	ウ
ヌ	ヤ	メ	リ	オ
ン	エ	ネ	ヤ	ヨ
ハ	ヌ	ラ	ス	ヘ
ヨ	マ	ノ	ト	ア

- Für Silben, die es als Kana nicht gibt, z. B. **zo**, verwendet man Kombinationen aus:
  1. **der Silbe, die den Konsonanten wiedergibt, in normaler Größe;**
  2. **der Silbe, die den Vokal wiedergibt, in etwa zwei Drittel der Größe im nächsten Feld.**

  Beispiele: **zo** → ツォ **wi** → ウィ

M Schreiben Sie die Namen der beiden Personen mit den Silben der obigen Felder. Füllen Sie die Felder mit Vor- und Familiennamen.

Marion Basler → Marion Bazuraa

Hermann Zoller → Heruman Tsoraa

				•				
				•				

9 Sich vorstellen: Hören Sie zu und verbinden Sie die Vor- und Nachnamen der Personen sowie Stadt und Land, wo sie herkommen.

ヘルマン	ツォラー	ドイツ	ウィーン
マヌエラ	ネメッツ	オーストリア	ノイウィード
マリオン	ノイマイヤー	スイス	ベルリン
ヨハン	バズラー	ドイツ	ベルン

4 カタカナ 2 Katakana 2

A Befolgen Sie wieder die sieben Schritte, um sich die nächsten Zeichen einzuprägen.

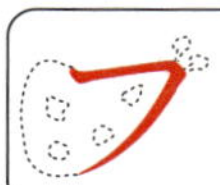	**FU**SSBALL OHNE LU**FT** フ	フ	フ	フ	フ	フ			フ
	**CHI**EHHARMONIKA ノ ニ チ	チ	チ	チ	チ	チ			チ
	**MU**SKELPROTZ ㄥ ム	ム	ム	ム	ム	ム			ム
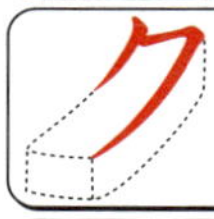	**KU**RSBUCH ノ ク	ク	ク	ク	ク	ク			ク
	**MI**T DREI STRICHEN 丶 ミ ミ	ミ	ミ	ミ	ミ	ミ			ミ
	**YU**TEZELT フ ユ	ユ	ユ	ユ	ユ	ユ			ユ

- *Dakuten* (zwei kleine Striche rechts oben) machen **fu** zu **bu**: フ → ブ
- *Han-dakuten* (ein kleiner Kreis rechts oben) macht **h**- bzw. **f**- zu **p**-: ハ → パ, フ → プ
- Ein ッ in halber Größe verdoppelt den nachfolgenden Konsonanten.
- Zur Wiedergabe von MÜ schreibt man ミュ, z. B. ミュンヘン

B Verbinden Sie die Wörter in Katakana mit der Umschrift sowie der deutschen Beschreibung.

トーストパン	buranchi	Ham and eggs
ハムエッグ	hamu-eggu	Milch
ブランチ	miruku	Müsli
ミューズリ	myuuzuri	spätes Frühstück
ミルク	toosuto-pan	Toast

C Befolgen Sie wieder die sieben Schritte, um sich die nächsten Zeichen einzuprägen.

ソ	**SO**NNENBAD 丶 ソ	ソ	ソ	ソ	ソ	ソ			ソ
セ	**SE**GELBOOT 一 セ	セ	セ	セ	セ	セ			セ
シ	**SHI**MPANSE AUF SHI 丶 丶丶 シ	シ	シ	シ	シ	シ			シ
タ	**TA**GEBUCH ノ ク タ	タ	タ	タ	タ	タ			タ
サ	**SA**MURAI – RITTER MIT LANZE 一 十 サ	サ	サ	サ	サ	サ			サ
コ	**KO**RKEN フ コ	コ	コ	コ	コ	コ			コ
ヒ	**HI**NSETZEN 一 ヒ	ヒ	ヒ	ヒ	ヒ	ヒ			ヒ
ワ	**WA**INGLAS 丨 ワ	ワ	ワ	ワ	ワ	ワ			ワ

- *Dakuten* auf **shi** ergeben das Zeichen **ji**: シ → ジ
- **ji** und kleines **yu** liest man **ju**: ジュ

パン
チーズ
ソーセージ
マスタード
ハムサンド
ピザ
コーヒー
コーラ
ジュース
ビール
ワイン

D Lesen Sie die Wörter im Kasten und ordnen Sie sie den Bildern zu.

10 Diktat: Ergänzen Sie die Städtenamen. (Ein Zeichen pro Feld, alle müssen gefüllt werden.)

ジ	ュ		ー				
チ	ュ			ッ			
					ッ	ク	
ザ					ク		
		ー					

ミ	ュ						
					ル		
				ク			
			チ	ヒ			
デ	ュ	ッ					フ

E Befolgen Sie wieder die sieben Schritte, um sich die nächsten Zeichen einzuprägen.

ナ	<u>NA</u>GEL 一 ナ	ナ	ナ	ナ					ナ
レ	<u>LE</u> <u>RE</u>CHT DEUTLICH! レ	レ	レ	レ					レ
モ	<u>MO</u>TORRADFAHRER 一 二 モ	モ	モ	モ					モ
ロ	<u>RO</u>SAMUNDE 丨 口 ロ	ロ	ロ	ロ					ロ

F Schreiben Sie die Wörter im Kasten in Katakana zu den Bildern.

aisukuriimu	meron
banana	orenji
chokoreeto	remon

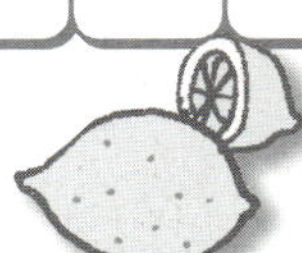

G Lesen Sie diese Zeichen laut.

ノ ン ソ シ ツ フ ヌ ラ テ ウ ワ ク タ ケ

レ ル リ サ チ ナ メ ミ ニ エ ユ コ ヨ ロ

H Befolgen Sie wieder die sieben Schritte, um sich die letzten Katakana einzuprägen.

テ	TENNISRACKET 一 二 テ	テ	テ	テ	テ	テ			テ
ニ	NIMM ZWEI! 一 ニ	ニ	ニ	ニ	ニ	ニ			ニ
ホ	HOCKEYSPIELER 一 十 才 ホ	ホ	ホ	ホ	ホ	ホ			ホ
ケ	KEGLER ノ 𠂉 ケ	ケ	ケ	ケ	ケ	ケ			ケ
カ	KARAFTAKT フ カ	カ	カ	カ	カ	カ			カ
キ	KIPPENDE KIEFER 一 二 キ	キ	キ	キ	キ	キ			キ

I Ergänzen Sie die Sportarten mit den Zeichen für bo ho ka ke ke ke ki ni te.

① ＿ ＿ ス

② ア イ ス ＿ ッ ＿ ー

③ バ ス ＿ ッ ト ＿ ー ル

④ サ ッ ＿ ＿ ー

⑤ ア イ ス ス ＿ ー ト

⑥ ハ イ ＿ ン グ

Wie das Alphabet in den europäischen Sprachen die Reihenfolge der Wörter in Listen, Wörterbüchern usw. bestimmt, gibt es auch eine bestimmte Abfolge der Silbenzeichen, nach denen z. B. Stichwörter in einem japanischen Lexikon geordnet sind.

Die folgende Katakana-Tabelle beginnt mit der ersten Spalte **rechts von oben nach unten**. Die ersten fünf Zeichen sind also アイウエオ, darauf folgen カキクケコ usw.

Die roten Felder weisen auf phonetische Eigenheiten hin, die unten beschrieben sind.

-n	w-	r-	y-	m-	h-	n-	t-	s-	k-		
	ワ	ラ	ヤ	マ	ハ	ナ	タ	サ	カ	ア	-a
		リ		ミ	ヒ	ニ	チ	シ	キ	イ	-i
ン		ル	ユ	ム	フ	ヌ	ツ	ス	ク	ウ	-u
		レ		メ	ヘ	ネ	テ	セ	ケ	エ	-e
	ヲ	ロ	ヨ	モ	ホ	ノ	ト	ソ	コ	オ	-o

Die Hilfszeichen ゛ und ゜ verändern einige Konsonanten, wie aus der Tabelle unten ersichtlich wird.

Beachten Sie diese Eigenheiten:

シ liegt zwischen **ßi** und **schi**. In Lateinschrift wird es meist **shi**, manchmal **si** geschrieben.

チ liegt zwischen **tsi** und **tschi**. Es wird meist mit **chi** umschrieben, selten auch mit **ti**.

ツ spricht man **tsu** und schreibt **tsu** oder **tu**.

フ liegt zwischen **hu** und **fu**. Es wird meist mit **fu** oder manchmal **hu** umschrieben.

ン spricht man meist wie **n** in Hang, aber: folgt **d**, **n** oder **t**, spricht man es wie in *Hand*, folgt **b**, **m** oder **p**, spricht man es **m**.

ジ spricht man **dschi** wie in Jeans, aber weicher. Es wird meist **ji** umschrieben, seltener **zi**.

g- ist weicher als im Deutschen.

z- ist ein weiches **d** mit stimmhaftem **s**.

p-	b-	d-	z-	g-	
パ	バ	ダ	ザ	ガ	-a
ピ	ビ		ジ	ギ	-i
プ	ブ		ズ	グ	-u
ペ	ベ	デ	ゼ	ゲ	-e
ポ	ボ	ド	ゾ	ゴ	-o

Katakana-Silben werden zur Umschreibung von Wörtern aus europäischen Sprachen verwendet. Die meisten dieser Wörter kommen aus dem Englischen.

Genau so wie das aus dem Englischen entlehnte Wort Sport im Deutschen anders ausgesprochen wird, wird im Japanischen jedes Lehnwort den vorhandenen Lauten und Silben angepasst, wobei die Aussprache – nicht die ursprüngliche Schreibung – entscheidend ist.

Das englische Wort *sports* wird daher スポーツ geschrieben, wobei das **u** der Silben **su** und **tsu** kaum hörbar ist. Die japanische Aussprache ist dem englischen Original näher als die deutsche!

Die Zahl der ursprünglichen Silben reicht jedoch nicht, um alle möglichen Lautkombinationen wiederzugeben. Daher gibt es die Möglichkeit, zwei vorhandene Silben zu einer neuen Lauteinheit zu kombinieren.

Um diese Zusammengehörigkeit auch im Schriftbild zu zeigen, wird die **erste Silbe in normaler Größe** geschrieben, die **zweite Silbe aber kleiner**. In den vorangegangenen Übungen fanden sich viele solcher Kombinationen, und das Prinzip dabei ist folgendes: die groß geschriebene Silbe zeigt den Konsonant, die kleine den Laut, der aus dem Konsonanten eine Silbe macht:

Zum Beispiel: **DE** + YU = **DYU** デュ

Dieser Laut wird zum Beispiel verwendet, um deutsches -**dü**- wie in デュッセルドルフ oder englisches -**du**- wie in プロデューサー (*producer*) zu umschreiben.

Beispiele für Kombinationen:

キャ	= kya	キャッシュ	< *cash*, Bargeld
ギャ	= gya	ギャング	< Gang(ster)
キュ	= kyu	キューバ	< Cuba, Kuba
ジャ	= ja	ジャズ	< Jazz
シュ	= shu	シューベルト	< Schubert
ジュ	= ju	ジュース	< Juice
シェ	= she	シェア	< *share*, Anteil
ショ	= sho	ショート	< *short*, Kurzschluss
ジョ	= jo	ジョーク	< *joke*, Witz
チャ	= cha	チャンネル	< *channel*, TV-Kanal
チュ	= chu	チューナー	< Tuner
チェ	= che	チェス	< *chess*, Schach
チョ	= cho	チョーク	< *chalk*, Kreide
ツァ	= tsa	ツァー	< Zar
ツェ	= tse	ツェッペリン	< Zeppelin
ティ	= ti	ティーシャツ	< T-Shirt
ディ	= di	ディスコ	< Disco
ニュ	= nyu	ニュース	< *news*, Nachrichten
ヒュ	= hyu	ヒュッテ	< (Berg)hütte
ビュ	= byu	ビュッフェ	< Büfett
ピュ	= pyu	コンピュータ	< Computer
ファ	= fa	ファミリー	< *family*, Familie
フィ	= fi	フィルム	< Film
フォ	= fo	フォト	< Foto
ミュ	= myu	ミュージカル	< Musical
リュ	= ryu	リュック	< Rucksack

5 ビンゴ Bingo!

A Wenn JapanerInnen mit einer Hand von 1 bis 10 zählen, verwenden sie diese Gesten:

0 = zero*

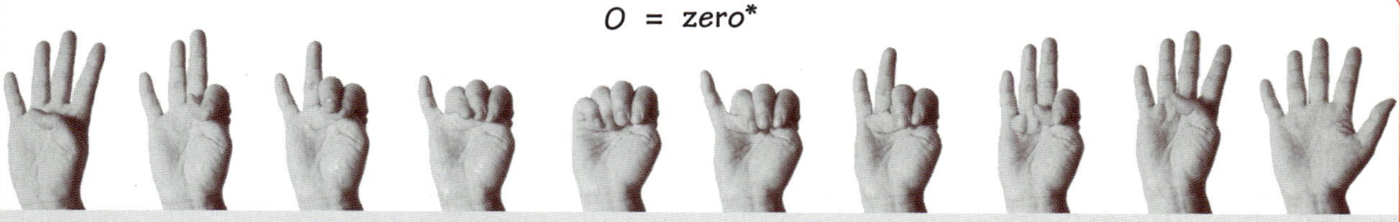

ichi ni san yon* go roku nana* hachi kyuu juu

*Man hört auch **rei** oder **maru** statt **zero**, **shi** statt **yon**, und **shichi** statt **nana**.

11 Hören Sie die Zahlen und machen Sie die Gesten dazu. Üben Sie dann das Zählen mit PartnerInnen.

12 Hören Sie die Telefonnummern und kreuzen Sie die richtige an.

1 ☑ 88–8085
○ 88–8055

2 ○ 57–9462
○ 57–3462

3 ○ 41–3079
○ 41–3072

4 ○ 711–4203
○ 711–2403

5 ○ 983–2525
○ 983–5252

6 ○ 265–6819
○ 256–8619

7 ○ 5784–2631
○ 5784–2931

8 ○ 3205–4896
○ 3825–4961

9 ○ 5921–0726
○ 5921–0276

B Spielen Sie diesen Dialog so oft wie möglich mit PartnerInnen, und notieren Sie ihre Namen in Katakana sowie ihre Telefonnummern.

Denwa-bangou wa nan-ban desu ka?
Wie ist Ihre Telefonnummer?

Eeto… 3748–2659 desu.
Äh… 3748–2659.

3748–2659 desu ne.
3748–2659. Aha.

Watashi wa 5920–4837 desu.
Ich habe 5920-4837.

5920–4837. Hai, wakarimashita.
5920–4837. Verstanden, danke.

C Die JapanerInnen verwenden neben den arabischen Ziffern auch häufig die chinesischen Zahlzeichen. Diese sind in vielerlei Hinsicht unseren Zahlen ähnlich.

Üben Sie diese Zeichen und befolgen Sie dabei diese Hinweise:

1 Studieren Sie zuerst das Bild. Das Bild zeigt das Zeichen in roter Farbe und die Merkhilfe schwarz strichliert.

NANA SIEBEN STEHT KOPF

2 Dazu gibt es die Aussprache **fett** oder ***schräg fett*** gedruckt, je nach Art der Aussprache. (Näheres dazu später!) Die Bedeutung ist unterstrichen, die Merkhilfe in normaler Schrift.

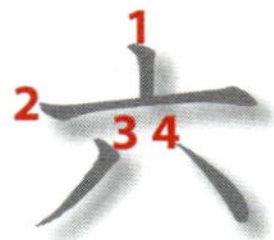

3 Die Ziffern zeigen, wo die Striche beginnen und in welcher Reihenfolge sie zu ziehen sind.

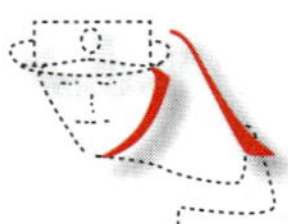

4 Prägen Sie sich Bild, Aussprache und Merkhilfe ein. Schließen Sie danach die Augen, visualisieren Sie das Bild und sagen Sie es ein paar Mal laut vor, z. B. *HACHI – HACHI …*

5 Studieren Sie nochmals die Strichfolge und ziehen Sie dann die Zeichen nach.

ICHI – EIN STRICH

ROKU – SECHS MIT FANTASIE!

NI – NIMM ZWEI!

NANA – SIEBEN STEHT KOPF

SAN – DREI STRICHE

HACHI – ACHT

YON – VIER WIE FENSTER MIT VORHANG

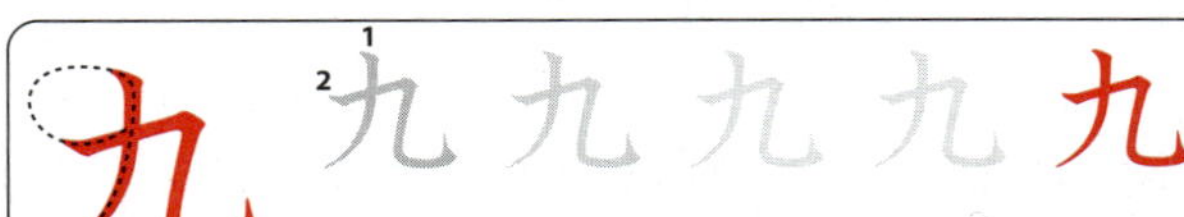

KYUU – NEUN MIT SCHWANZ

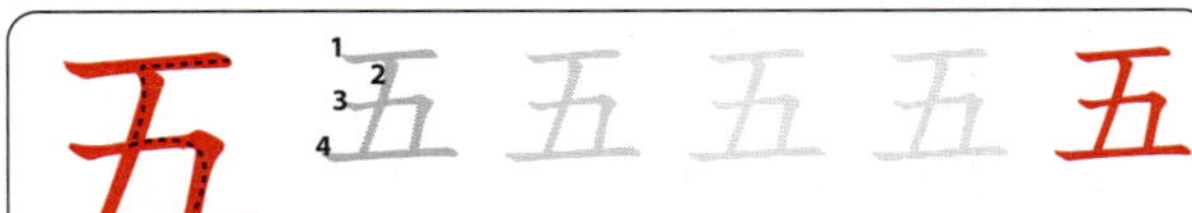

GO – FÜNF ZU SEHEN!

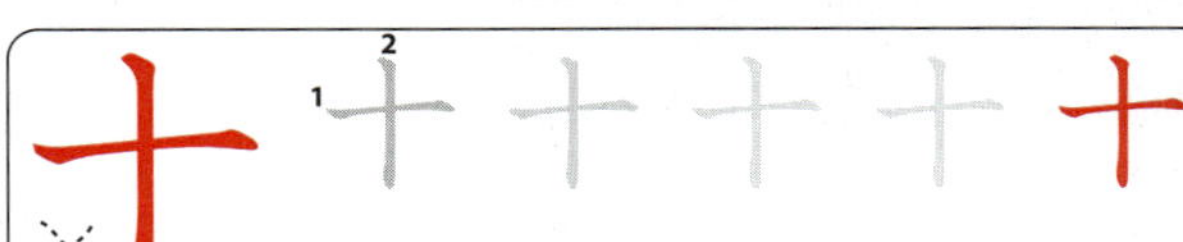

JUU – ZEHN WIE KREUZ

D Mit den Zahlen 1 bis 10 können Sie alle bis 99 bilden. Studieren Sie diese Beispiele und sprechen Sie danach die unten stehenden Zahlen laut vor.

11 = 10 + 1 > juu-ichi	12 = 10 + 2 > juu-ni	13 = 10 + 3 > juu-san	14 = ?
20 = 2 x 10 > ni-juu	30 = 3 x 10 > san-juu	40 = 4 x 10 > yon-juu	50 = ?
61 = 6 x 10 + 1 > roku-juu-ichi		74 = 7 x 10 + 4 > nana-juu-yon	87 = ?

11	19	12	18	13	17	14	16	15
21	29	32	35	38	43	47	54	56
65	67	77	74	83	88	93	95	99

13 Bingo! Wählen Sie eines der Felder und kreuzen Sie die Zahlen an, die Sie hören. Wenn Sie fünf Zahlen in einer Reihe (waagrecht, senkrecht, diagonal) angekreuzt haben, rufen Sie *Bingo*!

2	5	7	13	15	16
17	21	24	27	30	32
34	38	41	44	47	49
53	56	59	60	61	64
67	69	70	73	79	81
82	84	87	92	93	96

3	6	9	11	13	16
20	22	25	27	30	33
36	39	41	45	48	49
54	59	61	62	65	66
71	73	74	75	82	83
84	88	90	94	96	99

1	3	7	10	12	13
16	20	23	25	27	32
36	39	40	42	45	48
51	53	54	59	61	63
67	71	72	77	79	82
85	88	92	96	97	98

E Chinesische Ziffern werden immer verwendet, wenn von oben nach unten geschrieben wird. Studieren Sie die Beispiele und lesen Sie die Zahlen darunter laut vor. Schreiben Sie die arabischen Ziffern dazu.

Zahlen schreibt man in Kanji meist so, wie man sie spricht:

juu-ichi > 十一 ni-juu-ni > 二十二 san-juu-nana > 三十七

九	八	七	六	五	四	三	二	
十	十	十	十	十	十	十	十	十
四	一	五	三	七	九	六	八	二

F Prägen Sie sich diese Zahlzeichen ein. Zusammen mit den vorangegangenen können Sie alle Zahlen von 1 bis 99.999.999 bilden!

百 百 百 百 百 百
HYAKU – HUNDERT SENKRECHT

千 千 千 千 千 千
SEN – STRICH MACHT ZEHN ZU TAUSEND

万 万 万 万 万 万
MAN – ZEHNTAUSEND SENKRECHT

円 円 円 円 円 円
EN – JAPANS GELD VON WECHSELSTUBE

Grundregeln der Strichfolge:

1. Beginnen Sie immer links oben.
2. Ziehen Sie waagrechte Striche von links nach rechts.
3. Ziehen Sie schräge und senkrechte Striche von oben nach unten.
4. Bei einem Kasten ziehen Sie den linken senkrechten Strich zuerst, dann den waagrechten und in einem Zug den Strich weiter nach rechts unten.
   Danach füllen Sie den Kasten.
   Zum Schluss machen Sie ihn unten zu.
5. Bei einem Kreuz ziehen Sie den waagrechten Strich zuerst.

G Die japanische Währung heißt in Japan *en*, im Westen *yen*, weil das Wort vor langer Zeit so gesprochen wurde. (In der Katakana-Tabelle fehlt unter anderem das Zeichen für *ye*!)

ichi-en go-en juu-en go-juu-en hyaku-en go-hyaku-en

sen-en ni-sen-en go-sen-en ichi-man-en

H Die Zahlen folgen immer dieser Regel: größte Stelle zuerst, kleinste zuletzt. Studieren Sie die Beispiele.

101 = 100 + 1 > hyaku-ichi **123 = 100 + 20 + 3** > hyaku-ni-juu-san **148 = ?**
200 = 2 x 100 > ni-hyaku **300 = 3 x 100** > san-byaku **400 = ?**
Beachten Sie die Aussprache: 600 > rop-pyaku **800** > hap-pyaku

---

1234 = 1000 + 2 x 100 + 3 x 10 + 4 > sen-ni-hyaku-san-juu-yon **2567 = ?**
Beachten Sie die Aussprache: 3000 > san-zen **8000** > has-sen

---

Bei fünfstelligen Zahlen heißt die erste Stelle man**. Im Unterschied zu** juu**,** hyaku **und** sen **wird** ichi **davorgesetzt:**
12.000 = 1 x 10.000 + 2 x 1.000 > ichi-man-ni-sen **20.000 = 2 x 10.000** > ni-man
30.000 = ? **40.000 = 4 x 10.000** > yon-man **78.000** > nana-man has-sen

I Partnerspiel: Würfeln Sie zweimal, um eine Zahl zu finden. Lesen Sie dem Partner die Zahl vor. Dann kommt der Partner an die Reihe. Für jede richtige Zahl gibt es so viele Punkte, wie die Zahl Stellen hat.

1. Wurf → 2. Wurf ↓

136	2594	36050	97406	8639	752
4172	54296	693	394	29657	1083
74206	835	9620	6439	539	47926
93846	8421	753	6218	50150	486
3640	275	18587	139	9238	84377
254	7453	68235	34375	549	4725

14 Hören Sie dem Verkäufer zu und schreiben Sie die Preise zu den Waren.

円

円

円

円

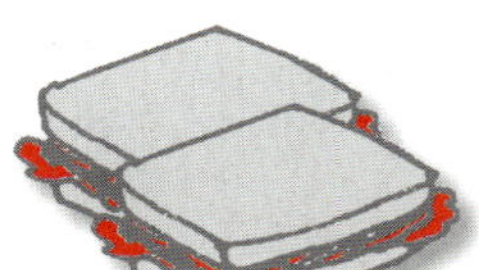
円

円

Wie viel hat der Verkäufer eingenommen? 円

K Spielen Sie dieses Spiel in der Gruppe. Die Spieler werfen abwechselnd eine Münze. Kopf bedeutet, dass ein Feld übersprungen werden kann. Wenn die Antwort nicht richtig ist, muss der Spieler eine Runde pausieren. Sieger ist, wer als erster seinen Vor- und Nachnamen in Katakana richtig geschrieben hat.

Abends um 6.30 treffen Sie Frau Katou am Weg zur Party. Grüßen Sie sie.

Frau Katou sagt:
Konban wa.
Yoku furimasu ne.
Antworten Sie.

In der Adresse kommen folgende Zahlen vor:
九　七　十
Lesen Sie sie laut vor.

Schreiben Sie das Wort
paatii
in Katakana in die Luft.

Die Gastgeberin fragt, was Sie trinken wollen. Sie bitten um Orangensaft:
… o kudasai.

Ihre Gesprächspartnerin sagt:
Watashi wa Mariko desu.
Was sagen Sie darauf?

Welches Wort ist kein Sport?
アイスホッケー
マクドナルド
バスケットボール

Mariko stellt Ihnen ihre Freundin vor, die sagt:
Emiko desu. Yoroshiku o-negai shimasu.
Antworten Sie.

Beginnen Sie eine Unterhaltung auf der Party.

Wie nennt man Comics in Japan?

Fragen Sie Mariko nach ihrer Telefonnummer.

Die Antwort ist:
A, sou desu ka.
O-namae wa?
Was sagen Sie darauf?

Sagen Sie, in welcher Stadt Sie derzeit wohnen.

Schreiben Sie Ihren Vor- und Nachnamen in Katakana in den Kasten unten.

Sie wollen wissen, ob Ihr Gesprächspartner aus Tokyo kommt. Fragen Sie:
Anata wa …?

Die Antwort ist:
Iie, Oosaka kara desu.
Was sagen Sie darauf?

Welche sind neben Osaka die beiden anderen großen Ballungszentren?

Sagen Sie, aus welchem Land Sie kommen.
Watashi wa …

Vor- und Nachname:

6 アンケート Ankeeto

A Lesen Sie zuerst die Aussagen neben den Bildern und finden Sie unbekannte Phrasen.

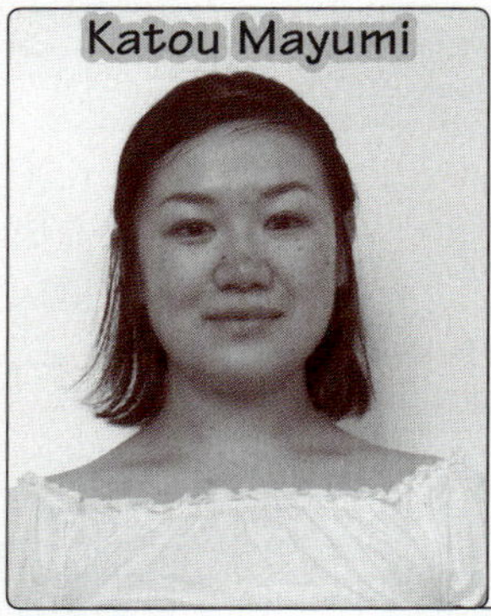

Katou Mayumi-san wa [16-sai / 17- sai] desu.

[Koukou ichi-nen-sei / Koukou ni-nen-sei] desu. [Sapporo / Aomori] ni sunde imasu.

[090 / 208] no keitai-denwa o motte imasu.

Denshi-meeru no purobaidaa wa [OCN / ODN] desu.

Suzuki Jun-san wa [19-sai / hatachi] desu.

[Daigaku ni-nen-sei / Daigaku san-nen-sei] desu. [Chiba / Toukyou] ni sunde imasu.

[081 / 090] no keitai-denwa o motte imasu.

Denshi-meeru no purobaidaa wa [Toukyou Keeburu / Toukyou Netto] desu.

アンケート Umfrage
(Person) **wa** (Zahl) **-sai desu.** … ist … Jahre alt.
koukou-(sei) Oberstufe(nschüler[in])
ichi-nen-sei im ersten Ausbildungsjahr
ni-nen-sei im zweiten Ausbildungsjahr
(Ort) **ni sunde imasu** Ich wohne in …
090, 208 Telefonanbieter (Vorwahl)
keitai-denwa Mobiltelefon
(Ding) **o motte imasu** … besitzen
denshi-meeru E-mail ＜メール
purobaidaa Provider ＜プロバイダー
OCN, ODN Provider (Namen)
daigaku Universität
hatachi 20 Jahre alt
Toukyou Keeburu Provider ＜ケーブル
Toukyou Netto Provider ＜ネット

15 Hören Sie die Interviews und streichen Sie bei den Bildern die falschen Angaben durch.

16 Bilden Sie je drei Aussagen über die jungen Leute, z. B. **Mayumi-san wa 16-sai desu.**
Jun-san wa daigaku san-nen-sei desu.

B Studieren Sie zuerst diese Phrasen. Machen Sie eine Umfrage und notieren Sie die Antworten.

Zum Buchstabieren verwendet man das englische Alphabet so, wie man es in Katakana umschreibt:
ee–bii–shii–dii–ii–efu–jii–etchi–ai–jee–kee–eru–emu–enu–oo–pii–kyuu–aaru–esu–tii–yuu–bui–daburyuu–ekkusu–wai–zetto
@ atto-maaku, Bindestrich haifun, Punkt dotto

Sumimasen. Ankeeto shite iru n'desu.
Entschuldigen Sie. Wir machen eine Umfrage.

Chotto kiite mo ii desu ka?
Darf ich Sie kurz was fragen?

Hai, douzo.
Ja, bitte.

O-namae wa nan desu ka?
Wie ist Ihr Name?

Watashi wa .... to iimasu.
Ich heiße ....

Nan-sai desu ka?
Wie alt sind Sie?

...-sai desu.
... Jahre.

Doko ni sunde imasu ka?
Wo wohnen Sie?

.... ni sunde imasu.
Ich wohne in ....

Keitai-denwa o motte imasu ka?
Besitzen Sie ein Handy?

Hai, motte imasu. / Iie, motte imasen.
Ja. / Nein.

Denwa-bangou wa nan-ban desu ka?
Wie lautet Ihre Telefonnummer?

.... desu. / Sore wa chotto...
Sie ist ... / Möchte ich nicht sagen.

Denshi-meeru o tsukatte imasu ka?
Benutzen Sie E-mail?

Hai, tsukatte imasu. / Iie, tsukatte imasen.
Ja. / Nein.

Meeru-adoresu wa nan desu ka?
Wie lautet Ihre E-mail-Adresse?

.... desu. / Sore wa chotto...
Sie ist ... / Möchte ich nicht sagen.

Doumo arigatou gozaimashita.
Herzlichen Dank!

Dou itashimashite.
Gern geschehen.

C Berichten Sie den anderen, was Sie herausgefunden haben. Beispiel:

マリア 18 トリーア 041-835-1034 maria@coolmail.com

Watashi wa Maria-san ni intabyuu shimashita. Maria-san wa 18-sai de,
Ich habe Maria interviewt. Maria ist 18 Jahre alt und ...

Toriia ni sunde imasu. Keitai-denwa o motte imasu. Denshi-meeru o tsukatte imasu.
wohnt in Trier. Sie besitzt ein Handy. Sie benutzt E-mail. (= Sie hat einen E-mail-Anschluss.)

Maria-san no denwa-bangou wa 041–835–1035 desu.
Ihre Telefonnummer ist 041–835 1035.

Meeru-adoresu wa <maria><atto-maaku> <kuurumeeru><dotto> <komu> desu.
Ihre E-mail-Adresse ist <maria@coolmail.com>.

Wortstellung

1 Das Subjekt steht am Beginn eines Satzes, wenn es für die Kommunikation unentbehrlich ist. Ist der Zusammenhang eindeutig, wird das Subjekt weggelassen.

2 Die kleinste mögliche Aussage besteht aus einem **Verb** allein. Das Verb steht an letzter Stelle im Satz.

3 Alle weiteren Satzglieder werden zwischen Subjekt und Verb gestellt. Je mehr Bedeutung ein Satzglied hat, desto näher steht es beim Verb.

4 An das Verb werden oft Partikeln gehängt: ne entspricht ungefähr *nicht wahr?*
ga verbindet zwei Sätze mit *aber*
ka macht eine Aussage zu einer Frage.

5 hai oder iie stehen immer an erster Stelle. Das Verb der Frage wird zur Bekräftigung in der Antwort wiederholt. Normalerweise wird auch der Sachverhalt richtig gestellt.

6 Das Fragewort steht an der Stelle des Satzglieds, nach dem gefragt wird:
Anata wa doko kara desu ka? > Watashi wa Doitsu kara desu.

D Ist das Subjekt notwendig? Wenn nicht, streichen Sie es durch.

Okuda Hiroshi-san wa 52-sai desu. Okuda-san wa 6-nen-kan[1] Doitsu ni sunde imashita ga[2], Okuda-san wa ima Toukyou ni sunde imasu. Okuda-san wa konsarutanto[3] desu. Okuda-san wa keitai-denwa to denshi-meeru o yoku[4] tsukatte imasu.

1 sechs Jahre lang 2 aber … 3 Consultant 4 häufig, oft

E Üben Sie mit einem Partner. Verteilen Sie die Rollen durch Werfen einer Münze: Kopf ist A, Zahl ist B.
A: gehen Sie zur Aufgabe **F** auf der nächsten Seite.
B: studieren Sie die Angaben neben dem Bild und bilden Sie damit Fragen an Ihren Partner.

Beispiel: namae ??? → Namae wa nan desu ka?

nenrei[1]: ???-sai
Doko[2] no shusshin[3] desu ka? Doko ni sunde imasu ka?
shigoto[4] ???
doko ni tsutomete imasu[5] ka
denshi-meeru o tsukatte imasu ka? keitai-denwa???

1 Alter 2 wo, welcher Ort 3 Herkunft 4 Arbeit, Beruf 5 arbeiten

F Studieren Sie die Angaben neben dem Bild und beantworten Sie dann die Fragen des Partners.

namae: Konuma Miki-san
nenrei[1]: 26-sai
shusshin[2]: Sapporo desu ga, Toukyou ni sunde imasu
shigoto[3]: Uebu-dezainaa[4]
Intaanetto-purobaidaa ni tsutomete imasu
denshi-meeru: yoku tsukatte imasu
keitai-denwa: amari[5] tsukatte imasen

1 Alter 2 Herkunft 3 Arbeit, Beruf 4 Web-Designer 5 nicht so oft

Gebrauch von Partikeln

Partikeln sind gebundene Wörter, die nie alleine vorkommen. Sie hängen an Substantiven und zeigen die Beziehungen der Satzglieder zueinander an. Wichtige Partikeln sind unter anderem:

wa markiert das bestimmte Subjekt:
Watashi wa Doitsu-jin desu. Konuma-san wa Nihon-jin desu.

o markiert das direkte Objekt und entspricht häufig dem deutschen 4. Fall:
Watashi wa jidousha o motte imasu. Intaanetto o tsukatte imasu.

ni markiert (unter anderem) Ortsangaben vor gewissen Verben:
Toukyou ni sunde imasu. Kaisha ni tsutomete imasu.

no verbindet zwei Substantive, wobei das erste das zweite näher bestimmt:
Watashi no konpyuuta wa Taiwan-sei desu.

to verbindet zwei Substantive innerhalb eines Satzglieds wie das deutsche Wort *und*:
Denshi-meeru to keitai-denwa o yoku tsukatte imasu.

G Stellen Sie diese Satzteile in die richtige Reihenfolge und beantworten Sie dann die Fragen.

Beispiel: desu – ka? – nan-sai – Anata wa → Anata wa nan-sai desu ka?

Anata wa — desu — Doitsu-jin[1] — ka?
tsutomete imasu — kaisha[2] ni — ka? — Anata wa
ka — keitai-denwa o — motte imasu — Anata wa
konpyuuta[3] o — Anata wa — ka — tsukatte imasu — yoku
jidousha[4] o — Nihon-sei[5] no — ka — Anata wa — motte imasu

1 „Mensch aus Deutschland“ 2 Firma 3 Computer 4 Auto 5 japanisches Fabrikat

H Lesen Sie diese Wörter und ordnen Sie die richtige Bedeutung zu:

❍	ミニディスク	CD	❍	ディスコ	Disco
❍	ギター	Eis laufen	❍	チェス	Klavier
❍	ゲーム	Fußball	❍	テニス	Party
❍	サッカー	Gitarre	❍	テレビ	Schach
❍	CD	Joggen	❍	パーティー	Tennis
❍	ジョギング	Minidisk	❍	ピアノ	Radio
❍	スキー	Ski (laufen)	❍	ビデオ	TV
❍	スケート	Spiel	❍	ラジオ	Video

Ordnen Sie diese Verben den obigen Wörtern richtig zu.

1 … o kikimasu 2 … o mimasu 3 … o hikimasu 4 … o shimasu 5 … ni ikimasu

1 … hören 2 … (an)sehen 3 *(Instrument)* spielen 4 *(Sport, Hobby)* ausüben 5 … gehen

17 Hören Sie die Fragen und Antworten und verbinden Sie die richtigen Satzteile.

Matsui-san	wa	yoku[1]	disuko	ni	ikimasu.
Ueno-san	wa	tokidoki[2]	piano	o	hikimasen.
Yamamoto-san	wa	amari[3]	minidisuku	o	kikimasen.
Kimura-san	wa	hotondo[4]	sakkaa	o	shimasen.
Ookawa-san	wa	zenzen[5]	terebi	o	mimasu.

1 oft 2 manchmal 3 nicht oft 4 kaum 5 überhaupt nicht

Verbformen

Zu den veränderlichen Wortarten gehören: **desu**
Verb, z. B. iimasu, motte imasu, etc.

! **desu** ist ein gebundenes Wort, das hinter einem Substantiv, Adjektiv oder Adverb steht. Es besitzt – wie das Hilfsverb *sein* – keine eigene Bedeutung.

! Verben haben eine **bejahte** und **verneinte** Endung: bejaht **-masu**, verneint **-masen** in der normal-höflichen Gegenwart. Die Verneinung von **desu** ist **de wa arimasen**.

! Verben haben eine Form pro Zeit und Höflichkeitsstufe. Die normal-höfliche Vergangenheit ist bejaht **mashita**, verneint **-masen deshita**. Die Vergangenheit von **desu** ist **deshita**.

I Sprechen Sie jetzt über Ihre eigenen Aktivitäten.

Watashi wa	yoku[1] / tokidoki[2]	....	ni	ikimasu.
		....	o	hikimasu.
				kikimasu.
				mimasu.
				shimasu.

1 oft 2 manchmal

Watashi wa	amari[3] / hotondo[4] / zenzen[5]	....	ni	ikimasen.
		....	o	hikimasen.
				kikimasen.
				mimasen.
				shimasen.

3 nicht oft 4 kaum, selten 5 überhaupt nicht

K Füllen Sie die Partikeln aus der Box in den Text ein.

ni ni ni ni ni
no o o wa

Maeda-san ______ 26-sai de, Oosaka ______sunde imasu.
Ookii[1] kaisha ______ tsutomete imasu.
Yoru[2] yoku terebi ______mimasu ga, tokidoki CD ______
kikimasu. Shuumatsu ni[3] tenisu ______ ikimasu.
Gakusei ______ koro[4], booifurendo to[5] yoku paatii ______
ikimashita ga, ima wa hotondo ikimasen.
Ima tokidoki disuko ______ ikimasu.

1 groß 2 am Abend, abends 3 Wochenende 4 in der Studentenzeit 5 mit ihrem Freund

L Wie Sie bei den Kanji für 2 und 8 gesehen haben, sind manche Katakana-Zeichen Kanji sehr ähnlich. Hier das Zeichen sai, das für Altersangaben verwendet wird. Schreiben Sie das Alter in chinesischen Zahlen und beachten Sie die Aussprache.

jus-sai	十才	hatachi	______
juu-is-sai	______	san-jus-sai	______
juu-has-sai	______	go-jus-sai	______

才 才 才 才 才 才

SAI – LEBENSJAHR OFFENSIV

7 ひらがな Hiragana

A In diesem Abschnitt lernen Sie die Silbenreihe *Hiragana* in der Reihenfolge, wie Sie die ersten Wörter in den ersten Abschnitten gelernt haben. Die Lerntechnik ist identisch mit jener der *Katakana*-Silben, auch die Schreibregeln sind dieselben bis auf:

- Statt des Längenstrichs wird ein Vokal nachgesetzt: **–A + A, –I + I, –U + U, –E + E**.
- aber: –O wird meist mit U verlängert.

B Ordnen Sie diese Phrasen der Umschrift zu. Wie gefällt Ihnen diese Schrift im Vergleich zu Katakana?

おはようございます。	Konban wa.
こんにちは。	Konnichi wa.
こんばんは。	O-hayou gozaimasu.
おやすみなさい。	O-yasumi-nasai.

C Studieren Sie kurz die Silbenreihe. Welche Ähnlichkeiten zu Katakana können Sie entdecken?

	w-	r-	y-	m-	h-	n-	t-	s-	k-		
	わ	ら	や	ま	は	な	た	さ	か	あ	-a
		り		み	ひ	に	ち	し	き	い	-i
-n ん		る	ゆ	む	ふ	ぬ	つ	す	く	う	-u
		れ		め	へ	ね	て	せ	け	え	-e
	を	ろ	よ	も	ほ	の	と	そ	こ	お	-o

Verwendung von Katakana und Hiragana

Die Aussprache der Hiragana und Katakana ist identisch, genau so wie bei Groß- und Kleinbuchstaben im Deutschen. Warum gibt es dann zwei verschiedene Silbenreihen?

Katakana werden – wie beschrieben – für Lehnwörter aus westlichen Sprachen verwendet.

Hiragana werden verwendet, um Teile des Satzes zu schreiben, die nicht durch chinesische Zeichen wiedergegeben werden können. Dazu zählen Partikeln und Endungen von Verben.

Weiters werden mit Hiragana Wörter japanischen oder chinesischen Ursprungs geschrieben, wenn entweder kein Kanji vorhanden ist oder dieses nicht allgemein bekannt ist.

Wie der Comic im einleitenden Kapitel zeigt, werden oft **furigana** zu den chinesischen Zeichen gestellt, um Jugendlichen die Lektüre zu ermöglichen. Da Kanji manchmal in sehr seltenen Aussprachevarianten verwendet werden, werden sie auch manchmal für Erwachsene verwendet. Dies ist speziell bei Eigennamen oft notwendig.

D Entspannen Sie sich so, wie Sie es vor dem Lernen der Katakana-Silben getan haben. Befolgen Sie wieder die sieben Schritte, um sich die ersten Hiragana einzuprägen.

1 Bildstudium **2 Merkspruch** **3 Strichfolge** **4 Einprägen** **5 Luftschreiben** **6 Nachziehen** **7 Schreiben**

お OASE ー ぉ お	お	お	お	お	お			お
は HARFE UND WALPURGA ㇐ に は	は	は	は	は	は			は
よ YOYO ー よ	よ	よ	よ	よ	よ			よ
う UNFREUNDLICH ` う	う	う	う	う	う			う
こ KOFFER ㇖ こ	こ	こ	こ	こ	こ			こ
さ SAT 1 ー ㇜ さ	さ	さ	さ	さ	さ			さ

Zeichen	Merkhilfe	Strichfolge
い	<u>I</u>GLU	い い
ま	<u>MA</u>NEYMAKER	一 二 ま
す	<u>SU</u>LTAN	一 す
ん	<u>N</u> – RUNDLICH	ん
に	<u>NI</u>MM ZWEI KOFFER!	に に に
ち	<u>CHI</u>GARETTE MIT STRICH	一 ち
や	<u>YA</u> MIT AKZENT	つ や や
み	<u>MI</u>STVIEH!	み み
な	<u>NA</u> = N + ALPHA	一 ナ ナ な

- は kennt zwei Aussprachen: als Wortsilbe HA, als angehängte Partikel WA.

E Schreiben Sie die Zeichen in die Kreise oder die richtige Aussprache darüber.

YA	___	I	___	O	___	SA
◯	ん	◯	う	◯	よ	◯

___	CHI	___	KO	___	NI	___
す	◯	な	◯	ま	◯	み

F Befolgen Sie wieder die sieben Schritte, um sich die nächsten Hiragana einzuprägen.

1 Bildstudium – 2 Merkspruch – 3 Strichfolge – 4 Einprägen
5 Luftschreiben – 6 Nachziehen – 7 Schreiben

あ	A WIE @ – T ZUERST 一 ナ あ	あ	あ	あ	あ	あ			あ
た	TA TA TA – AHA! 一 ナ た た	た	た	た	た	た			た
か	KASPERL ノ カ か	か	か	か	か	か			か
ら	LANGE RAUPE ˋ ら	ら	ら	ら	ら	ら			ら
て	TELESKOP て	て	て	て	て	て			て
そ	SOMBRERO ˋ そ	そ	そ	そ	そ	そ			そ
わ	WALZER 丨 わ	わ	わ	わ	わ	わ			わ
し	SHIRM し	し	し	し	し	し			し
え	ELEFANT ˋ え	え	え	え	え	え			え
め	MEERSTRANDLÄUFER ＼ ぬ	め	め	め	め	め			め
ろ	ROSS IM GALOPP ろ	ろ	ろ	ろ	ろ	ろ			ろ
く	KUSSMUND く	く	く	く	く	く			く
ね	NETZANGRIFF 丨 ね	ね	ね	ね	ね	ね			ね
と	TORTENSCHAUFEL ˋ と	と	と	と	と	と			と

18 Diktat: Schreiben Sie die richtigen Zeichen in die Kästchen.

1 □□□□□□□□□

2 □□□□□

3 □□□□□

4 □□□□□□□

5 □□□□□□

6 □□□□□□□□□□□

7 □□□□□□□□□□□□

G Bilden Sie mit diesen Scrabblesteinen sinnvolle Wörter.

も て と　　な あ た　　し わ た

ま え な　　う ぞ ど　　く ろ よ し

H Lesen Sie diese Dialogteile und ordnen Sie die rechten Teile richtig zu.

あなたはアメリカからですか。	あ、そうですか。おなまえは。
そうですか。 わたしはおおさかからです。	いいえ、スイスからです。 チューリッヒです。
ようこです。	こちらこそどうぞよろしく。
はじめまして。 よろしくおねがいします。	わたしはペーターです。

Am Anfang war das Kanji

Ab dem 4. Jahrhundert gelangten im Zuge des Kulturtransfers chinesische Schriften zur Staatsorganisation, Philosophie, Religion etc. nach Japan.

Allmählich wurde mit den importierten Kanji auch die japanische Sprache niedergeschrieben. Aufgrund der unterschiedlichen Wortstruktur – Kanji sind meist einsilbige Laute – mussten japanische Wörter mit mehreren Zeichen geschrieben werden. Dabei wurden Kanji ohne Rücksicht auf ihre ursprügliche Bedeutung zur Wiedergabe von ähnlich klingenden Lauten verwendet.

Der Schreibprozess gestaltete sich durch die Vielzahl der Striche sehr mühevoll. Daher wurden im Lauf der Zeit diese Zeichen auf einfache Strichformen reduziert, und ab dem 9. Jahrhundert entstand ein Inventar an Silbenzeichen, das heute *Hiragana* genannt wird.

Ähnlich entstand nur wenig später die Silbenreihe *Katakana*. Studenten entwickelten ein Inventar von Lautzeichen, um beim Studium buddhistischer Klassiker die Aussprache oder Bedeutung von schwierigen Zeichen zu fixieren bzw. um Kommentare anzufügen.

I Befolgen Sie wieder die sieben Schritte, um sich die letzten Hiragana einzuprägen.

き	**KI**PPT NOCH MEHR! 一 ニ キ き	き	き	き	き	き			き
む	**MU**STERKUH 一 む む	む	む	む	む	む			む
ふ	**FU**RIOS! 、 ろ ふ ふ	ふ	ふ	ふ	ふ	ふ			ふ
り	**RI**TTER**LI**CH l り	り	り	り	り	り			り
つ	**TSU**M ANFANG! つ	つ	つ	つ	つ	つ			つ
ほ	**HO** UNTERSTRICHEN l に に ほ	ほ	ほ	ほ	ほ	ほ			ほ
ゆ	**YU**HU! ゆ ゆ	ゆ	ゆ	ゆ	ゆ	ゆ			ゆ
せ	**SE**GELBOOT MIT DOPPELMAST 一 七 せ	せ	せ	せ	せ	せ			せ

け	**KE**HRE l に け	け	け	け					け
も	**MO**DELLSCHIFF 一 二 も	も	も	も					も
を	**WO** IST **O**? 一 ち を	を	を	を					を
の	**NO**NNE の	の	の	の					の
る	**RU**NDUM **LU**STLOS! る	る	る	る					る
れ	**LE**G LOS, **RE**NN! 丨 れ	れ	れ	れ					れ
へ	**HE**XENBESEN – **E**RODYNAMISCH へ	へ	へ	へ					へ
ひ	**HI**NTERN ひ	ひ	ひ	ひ					ひ
ぬ	**NU**DELSALAT 丶 ぬ	ぬ	ぬ	ぬ					ぬ

Verwendung von Hiragana als Partikeln

は wird aus historischen Gründen weiterhin als Partikel mit der Aussprache wa verwendet:
わたしはドイツじんです。おくださんはにほんじんです。

を wird **nur als Partikel** verwendet und hat die Aussprache *o*:
にほんせいのじどうしゃをもっています。

へ wird ebenfalls aus historischen Gründen als Partikel mit der Aussprache *e* verwendet:
にほんごへようこそ。(Willkommen bei *Japanisch.*)

Der Grund für die Unregelmäßigkeiten liegt darin, dass sich die Aussprache über die Jahrhunderte veränderte, die Schreibung jedoch – wie in jeder Sprache – alte Formen weiter verwendete. Durch das Schreiben ohne Zwischenraum kommt Partikeln die Funktion von Satzteilgrenzen zu, und daher werden im Sinn der Kontinuität die alten Formen beibehalten.

K Lesen Sie diesen Text und studieren Sie die Satzteilgrenzen.

すずきたろう[1]さんはにほんじんです。
ほっかいどうしゅっしんです。
１８さいまで[2]さっぽろにすんでいましたが、
がくせいのころ[3]とうきょうにいきました。
だいがくのあと[4]、ドイツにいきました。
ケルン[5]のおおきいかいしゃにつとめています。

1 Tarou Suzuki 2 bis zum Alter von 18 3 in der Studentenzeit 4 nach der Universität 5 Köln

L Hier ist der obige Text in Umschrift, aber es haben sich sechs Fehler eingeschlichen. Finden und verbessern Sie die Fehler.

Suzuki Taro~~o~~u-san wa Nihon-jin desu. Hokkaidou shushin desu.
18-sai made Sapporou ni sunde imashita ga, gakusei no koro Tokyou ni kimashita.
Daigaku no atou, Doitsu ni ikimashita. Kerun no oukii kaisha ni tsutomete imasu.

M Lesen Sie diese Informationen und markieren Sie die Aussagen darunter als richtig oder falsch.

1 まつだひろこさんは２８さいです。
2 いまあおもりにすんでいます。
3 あおもりのだいがくにつとめています。
4 だいがくで[1]ドイツごをおしえています。[2]
5 がくせいのころ、よくジョギングをしましたが、
いまはぜんぜんしません。
6 しゅうまつによくハイキングをします。
7 ときどきボーイフレンドとダンスにいきます。

a Hiroshi Matsuda ist 28 Jahre alt.
b Sie wohnt jetzt in Aomori.
c Sie arbeitet in einer Volksschule in Aomori.
d Sie unterrichtet Deutsch.
e Als sie noch Studentin war, ging sie oft in den Fitness Club.
f Jetzt geht sie überhaupt nicht mehr joggen.
g Am Wochenende geht sie oft wandern.
h Manchmal geht sie mit ihren Freundinnen tanzen.

1 an der Universität 2 unterrichtet (jetzt)

In Japan werden richtig oder falsch so markiert:

9 (eingekreist)	まる	richtig
~~10~~ (durchgekreuzt)	バツ	falsch

8 日本人の余暇 Nihon-jin no yoka

A Lesen Sie diese Aussagen und studieren Sie die Vokabel und Zeichen darunter.

めぐみさんは23才で、かいしゃにつとめています。

ひまな時に よく/ときどき テニススクールに行きます。
Hima na toki ni yoku/tokidoki tenisu-sukuuru ni ikimasu.

テニスが 好き/大好き です。
Tenisu ga suki/daisuki desu.

コーチはとても じょうず/しんせつ です。
Koochi wa totemo jouzu/shinsetsu desu.

一しゅうかんに 二回/三回 テニスに行きます。
Is-shuu-kan ni ni-kai/san-kai tenisu ni ikimasu.

めぐみさんはもっとテニスをしたいですが、お金がありません。/しごとが忙しいです。
Megumi-san wa motto tenisu o shitai desu ga, o-kane ga arimasen/shigoto ga isogashii desu.

ひまな時に （とき） in der Freizeit
テニススクールに行きます （いきます） … geht in eine Tennisschule
テニスが好きです （すき） gern Tennis spielen
…が大好きです （だいすき） mag sehr gern …
コーチ (Tennis-)Lehrer
じょうずです … kann, spielt sehr gut
しんせつです … ist sehr nett
いっしゅうかんに pro Woche
二回 （にかい） zwei Mal
三回 （さんかい） drei Mal
もっとしたいですが、 … will noch öfter spielen, aber …
お金がありません （かね） … hat kein Geld
しごとが忙しいです （いそがしい） … hat beruflich sehr viel zu tun

19 Hören Sie das Interview und streichen Sie oben die falschen Angaben durch.

Sprechen Sie über Megumis Hobby, z. B. **Megumi-san wa tenisu ga daisuki desu. Yoku tenisu o shimasu.**

B Wie bereits beschrieben wurde, entstanden die Kana-Silben aus Kanji. Hier sind einfache Kanji, die den Katakana-Silben stark ähneln:

二	**zwei**	口	**Mund**	工	**Arbeit, Handwerk**
八	**acht**	力	**Kraft**	夕	**Abend**

Im Unterschied zu Kana besitzen diese Schriftzeichen **auch Bedeutungen**, wobei versucht wurde, diese bereits in den Lernprozess der Katakana und Hiragana zu integrieren. Eine Ausnahme bildet 夕, dessen Bedeutung man sich mit der Assoziation **Tagebuch schreibt man am Abend** merken kann.

Kanji

- Kanji entstanden in China vor ca. 5000 Jahren aus vereinfachten Bildern. Ihre Funktion ist vergleichbar mit Verkehrsschildern, Computer-Icons und ähnlichen Hinweisen.
- In erster Linie haben Kanji eine Bedeutung. Diese ist wie bei Verkehrszeichen unabhängig von der Sprache. Erst der Benutzer sagt *Vorrang geben, Yield, Cédez le passage, etc.*
- Kanji waren die einzige in Ostasien verfügbare Schriftform, als Japan vor ca. 1500 Jahren begann, schriftliche Aufzeichnungen zu verfassen.

C Die ersten Kanji waren vereinfachte Abbildungen der Umwelt, die heute noch mit ein wenig Fantasie wieder zu erkennen sind. Studieren Sie diese Beispiele mit den japanischen Lesarten.

ひと	おんな	こ	やま	き	かわ
Mensch	**Frau**	**Kind**	**Berg**	**Baum**	**Fluss**

In der Schule lernen Japanerinnen und Japaner 1945 chinesische Schriftzeichen, die als *jouyou kanji* – Kanji für den allgemeinen Gebrauch – bezeichnet werden. Der Lernprozess erstreckt sich über viele Jahre: in den sechs Volksschuljahren lernen sie 1006 *kyouiku kanji* – Kanji für die grundlegende Bildung, in der Mittel- und Oberstufe kommen weitere 939 dazu. Diese bilden die Grundlage für das allgemeine Leseverständnis und die Schreibfähigkeit.

Neben den *jouyou kanji* werden noch weitere für Eigennamen und Fachvokabular verwendet, sodass gebildete Leute – und das ist in Japan die überwiegende Mehrheit der Bevölkerung – weit über 3000 Zeichen lesen können.

D Kanji entstanden aus Abbildungen der Umwelt. Dieses Beispiel zeigt, wie mit Verdopplung bzw. Verdreifachung neue Zeichen geschaffen wurden.

Baum **Hain** **Wald**

E Um abstrakte Sachverhalte darzustellen, werden einfache Zeichen zu einem neuen Zeichen kombiniert. Diese Beispiel zeigen die Zeichen für *rasten*, *ruhen* bzw. *mögen*:

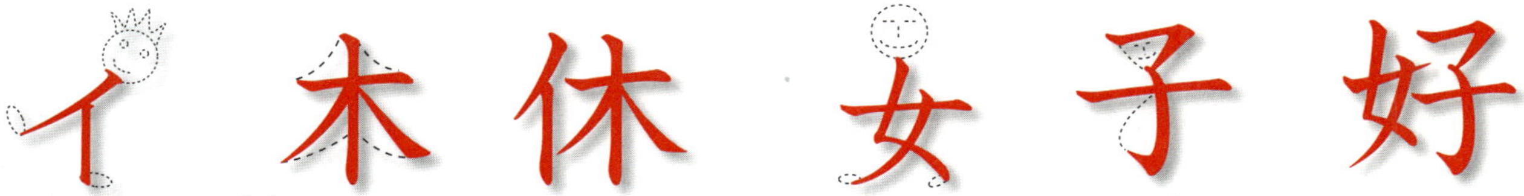

Individuum lehnt an **Baum** → **rasten** **Frau** + **Kind** → **mögen**

F Das Zeichen für **rasten** bzw. für **mögen** wird in Kombination mit Hiragana verwendet, um die Phrasen **o-yasumi-nasai** bzw. **suki desu** zu schreiben.

お休みなさい 好きです

Kanji in Kombination mit Hiragana

Verben und Satzglieder sind meist Kombinationen von **Kanji und Hiragana**.

! Dies ist notwendig, weil Japanisch nicht derselben Sprachfamilie angehört wie Chinesisch. Chinesisch ist eine isolierende Sprache ohne Endungen, Japanisch als agglutinierende Sprache hat Grammatikelemente, die das Kanji nicht wiedergeben kann.

Das Zeichen 休 bedeutet *rasten, ruhen,* daher wurde das Verb yasu(mu) zugeordnet.
Das Zeichen 好 bedeutet *mögen, lieben,* daher wurde das Verb su(ku) zugeordnet.

Da jedoch im Unterschied zur chinesischen Sprache bei beiden Wörtern die letzte Silbe veränderlich ist, wird nur der Wortstamm su- bzw. yasu- durch das Kanji wiedergegeben. Die veränderliche letzte Silbe wird als Hiragana angehängt: 好きです
お休みなさい

! Kanji drücken die Bedeutung aus, Hiragana die dazu gehörige grammatische Funktion, z. B. Verbendungen, Partikeln, etc.

Unterscheidung von Lesarten

Kanji haben meist mehrere Lesarten, die in diesem Buch durch verschiedene Schriftarten kenntlich gemacht werden. Dabei sind folgende Konventionen zu beachten:

FETT GEDRUCKT	sind Lesarten, die mit dem Kanji aus China übernommen wurden. Sie werden meist in Zusammensetzungen von mehreren Kanji verwendet.
FETT KURSIV	sind jene Lesarten, die später japanischen Wörtern zugeordnet wurden. Sie kommen im Satz meist einzeln oder in Kombination mit Hiragana vor.
KURSIV	ist jener Teil des Worts, der durch Hiragana-Endungen dargestellt wird. Verben stehen immer in der einfachen, nicht-vergangenen Form.

Beispiel:

今

KON ist eine chinesische Aussprachevariante, die z.B. im Gruß konnichi wa vorkommt. Dieser wird so geschrieben: 今日は。

IMA ist ein Adverb japanischen Ursprungs, das alleine im Satz stehen kann, z. B. 今テニスをしています。

G Üben Sie diese Kanji mit derselben Technik wie bei den Zahlen.

日 日 日 日 日 日
NICHI – SONNE IM QUADRAT

好 好 好 好 好 好
SUKI – LIEBEN
WIE FRAU IHR KIND

本 本 本 本 本 本
HON ***MOTO*** – URSPRUNG
WURZEL AM BAUMSTAMM

大 大 大 大 大 大
DAI ***OO*** – GROSS
MENSCH STRECKT ARME

人 人 人 人 人 人
JIN ***HITO*** – MENSCH

回 回 回 回 回 回
KAI – MAL, DREHEN
ZWEI QUADRATISCHE KREISE

日寺 時 時 時 時 時
JI ***TOKI*** – UHR, ZEIT
ZEIGT SONNE AM TEMPEL

金 金 金 金 金 金
KIN ***KANE*** – GELD
UNTER DACH SCHATZTRUHE

行 行 行 行 行 行
IKU – GEHEN
AUF BREITEN STRASSEN

忙 忙 忙 忙 忙 忙
ISOGASHII – VIEL ZU TUN
HERZ VERLOREN

H Ordnen Sie den Zeichen die richtige Lesung zu:

dai-suki	Doitsu-jin	ikimasu
ikitai	ikkai	isogashii
Nihon ✓	Nihon-jin	
o-kane	suki	tokidoki

Nihon

わたしは日本りょうり¹が好きです。

とくに²おすしが大好きです。

時々³すしや⁴に行きます。

すしやのいたまえ⁵は日本人です。

ウェートレス⁶はドイツ人のがくせいです。

しんせつですが、とても忙しいです。

一しゅうかんに一回行きたいですが、
お金があまりありません。

1 Küche, Essen 2 besonders 3 ときどき (々 wiederholt voriges Kanji) 4 Sushi-Bar 5 Koch 6 Kellnerin

Wie können so viele Zeichen erlernt werden?

Keine Angst, auch sehr schwierig anmutende Zeichen sind praktisch immer Kombinationen einfacher Basiselemente, von denen es ca. 400 gibt. Diese werden – wie vorher beschrieben – zu komplexeren Zeichen kombiniert.

In diesem Buch werden Kanji nach dem Kriterium der Nützlichkeit für Lernende eingeführt, und die Lernhilfen sollen dazu beitragen, dass nicht im japanischen Kulturkreis groß gewordene Europäer Kanji durchaus erlernen können.

Mit den angebotenen Merkhilfen und Assoziationen erhalten Sie einen Zugang zur inneren Logik der Zeichen, denn die Erfahrung mit Lernenden verschiedener Altersgruppen hat gezeigt, dass ein strukturierter Zugang – anstelle des in Japan üblichen motorischen Drills – die Hürden wesentlich niedriger legt.

Aus diesem Grund werden die Basiselemente mit Assoziationen versehen, die auf bildhafte Begriffe aus der modernen Vorstellungswelt einerseits und auf die etymologischen Bedeutungen andererseits zurückgreifen.

Bei letzteren ist allerdings eine Einschränkung angebracht. Ernsthafte Japanologen mögen zu Recht kritisieren, dass in manchen Fällen den Begriffen der modernen Vorstellungswelt Vorrang gegenüber der Etymologie eingeräumt wird.

Dies möge man dem Lehrwerk nachsehen, denn es erscheint nicht sinnvoll, Lernende bei ihrer Aufgabe noch mit weiteren Schwierigkeiten zu belasten.

I Ordnen Sie diesen Wörtern die richtige Bedeutung zu.

え	Deutsch	しゃしん	Baseball
えい語 (ei-go)	Englisch	さんぽ	Foto(grafieren)
カラオケ	Judo	日本語 (Nihon-go)	Japanisch
からて	Karaoke	パソコン	Mahjong
じゅうどう	Karate	パチンコ	Pachinko
ダンス	Sumo-Ringen	プレステ	PC
ドイツ語 (Doitsu-go)	Tanzen	マージャン	Play Station
すもう	Zeichnen, Malen	やきゅう	Spazierengehen

Hängen Sie die Partikel が an eines der Wörter oben und bilden Sie Aussagen mit diesen Wörtern:

1 できます	2 じょうずです	3 へたです	4 好きです	5 きらいです
1 … können	2 … sehr gut können	3 … nicht gut können	4 … mögen	5 … nicht mögen

20 Hören Sie die Fragen und Antworten und verbinden Sie die richtigen Satzteile.

まついさん は	パソコン が	きらい	です。
うえださん は	ダンス が	じょうず	です。
山本さん は	カラオケ が	好き	です。
木むらさん は	やきゅう が	へた	です。
大川さん は	ドイツ語 が	できます。	

Bildung von Satzaussagen

! Wird die Aussage mit Adjektiv + です gebildet, hat das Subjekt die Partikel は:
きょうはさむいです。 (wörtlich: *Der heutige Tag ist kalt.*)

! Wird das Adjektiv zusätzlich näher bestimmt, hat dieses Substantiv die Partikel が:
きょうはおてんきがいいです。 (wörtlich: *Der heutige Tag ist bezüglich Wetter gut.*)

が wird auch vor manchen Verben verwendet, z. B. できます:
わたしはテニスができません。 (*Ich kann nicht Tennis spielen.*)

K Sprechen Sie jetzt über Ihre eigenen Vorlieben und Fähigkeiten.

わたしは	さんぽ カメラ 日本りょうり パチンコ	が	好き 大好き きらい 大きらい[1]	です。

1 **daikirai** überhaupt nicht mögen

じゅうどう えいご パソコン りょうり ダンス	が	よく	できます。
		あまり ぜんぜん	できません。
		じょうず へた	です。

L Markieren Sie diese Arten des Zeitvertreibs nach Ihren persönlichen Vorlieben. Verwenden Sie dazu wie in Japan üblich ○ まる (ja, positiv) oder ✕ バツ (nein, negativ)

ゲームセンター[1]
アメリカのえいが[2]
ロールプレイゲーム[3]
日本のまんが[4]
日本のアニメ[5]
イギリスのスリラー[6]

1 Spielhalle 2 Film 3 Rollenspiel 4 Comics 5 Zeichentrickfilm 6 Thriller

Fragen Sie jetzt in der Gruppe, was die anderen davon halten, zum Beispiel:

______をどうおもいますか。
Was halten Sie von ...?

○ おもしろい
✕ つまらない　と　おもいます。
Ich halte es für interessant / fad, uninteressant.

M Viele Kanji sind vereinfachte Abbildungen. Was stellen diese Zeichen dar?

口 くち　　目 め　　耳 みみ

Jedes normal entwickelte Säugetier hat vom ersten ein Stück, von den anderen jeweils zwei. (Lösung umseitig)

N Lösung der Denksportaufgabe der vorigen Seite

口	目	耳
くち	め	みみ
Mund	Auge	Ohr

O Üben Sie diese Kanji.

口 口 口 口 口 口
KUCHI – MUND

聞 聞 聞 聞 聞 聞
KIKU – HÖREN
IM TOR DAS OHR

目目 目 目 目 目 目
ME – AUGE
AUGENLIDER ECKIG

言吾 語 語 語 語 語
GO – SPRACHE
SAGEN FÜNF MÜNDER

耳 耳 耳 耳 耳 耳 耳
MIMI – OHR
ABSTEHEND

言舌 話 話 話 話 話
WA *HANASU* – SPRECHEN
SAGEN TAUSEND MÜNDER

言 言 言 言 言 言
IU – SAGEN
VIERZEILER AUS MUND

読 読 読 読 読 読
YOMU – LESEN
SAGEN UND VERKAUFEN

見見 見 見 見 見 見
MIRU – SEHEN
AUGE UND RU

書 FINGER PINSEL 書 書 書 書 書
KAKU – SCHREIBEN
DREI FINGER, PINSEL, STRICH AM BLATT

P Setzen Sie die Kanji in den Text ein.

見　好　書　聞　話　読

まつだふみおさんは本[1]が大____きです。まんがもよく______みます。時々おんがくを______きます。あまりテレビは______ません。ともだちと[2]けいたいでんわでよく______しますが、メールはあまり______きません。

1 Buch, Bücher　　2 mit Freund(inn)en

9 ゴールデンウィーク Gooruden-uiiku

Monate werden mit der Zahl und -**gatsu** bezeichnet, z. B. **ichi-gatsu, ni-gatsu**.
Achtung: April = **shi-gatsu**
Juli = **shichi-gatsu**
September = **ku-gatsu**

A Studieren Sie diesen Kalender.

Neben der westlichen Zeitrechnung wird auch oft das Regierungsjahr des Kaisers verwendet.
Heisei heißt die Regierung seit 1989, z. B. war das Jahr 2000 **Heisei 12-nen**.

Die Woche beginnt mit Sonntag.
Wochentage sind Kanji mit **-youbi**:

Sonntag	**nichi-youbi**	(Sonne)
Montag	**getsu-youbi**	(Mond)
Dienstag	**ka-youbi**	(Feuer)
Mittwoch	**sui-youbi**	(Wasser)
Donnerstag	**moku-youbi**	(Holz)
Freitag	**kin-youbi**	(Gold)
Samstag	**do-youbi**	(Erde)

平成18年 **5**

日	月	火	水	木	金	土
	1	2	3	4	5	6
7	8	9	10	11	12	13
14	15	16	17	18	19	20
21	22	23	24	25	26	27
28	29	30	31			

Bei Monatstagen kombiniert man Zahl in Kanji oder arabisch und das Zeichen *Sonne, Tag*:
z. B. 二日、 2 日 (waagrecht meist mit arabischen Zahlen: 平成12年5月5日
1. bis 10. wird japanisch gezählt, danach chinesisch mit Ausnahmen:

1日	**tsuitachi**	11日	**juu-ichi-nichi**	21日	**ni-juu-ichi-nichi**
2日	**futsuka**	12日	**juu-ni-nichi**	22日	**ni-juu-ni-nichi**
3日	**mikka**	13日	**juu-san-nichi**	23日	**ni-juu-san-nichi**
4日	**yokka**	14日	**juu-yokka**	24日	**ni-juu-yokka**
5日	**itsuka**	15日	**juu-go-nichi**	25日	**ni-juu-go-nichi**
6日	**muika**	16日	**juu-roku-nichi**	26日	**ni-juu-roku-nichi**
7日	**nanoka**	17日	**juu-shichi-nichi**	27日	**ni-juu-shichi-nichi**
8日	**youka**	18日	**juu-hachi-nichi**	28日	**ni-juu-hachi-nichi**
9日	**kokonoka**	19日	**juu-ku-nichi**	29日	**ni-juu-ku-nichi**
10日	**tooka**	20日	**hatsuka**	30日	**san-juu-nichi**
				31日	**san-juu-ichi-nichi**

B Üben Sie diese Kanji.

平 平 平 平 平 平
HEI – <u>FRIEDE</u>
ZWEI STREITER DURCH STRICH GETRENNT

水 水 水 水 水 水
SUI *MIZU* – <u>WASSER</u>
AUS VIELEN QUELLEN

成 成 成 成 成 成
SEI – <u>VOLLENDUNG</u>
IN SECHS STRICHEN

木 木 木 木 木 木
MOKU *KI* – <u>BAUM</u>, <u>HOLZ</u>

年 年 年 年 年 年
NEN – <u>KALENDERJAHR</u>
SECHS STRICHE FÜR 12 MONATE

土 土 土 土 土 土
DO – <u>ERDE</u>
KREUZ AUF ERDHAUFEN

月 月 月 月 月 月
GETSU – <u>MOND</u> **GATSU** – <u>MONAT</u>

何 何 何 何 何 何
NAN, NANI – <u>WAS?</u>
INDIVIDUUM MIT SCHILD VOR MUND

火 火 火 火 火 火
KA *HI* – <u>FEUER</u>
FUNKEN VOR MENSCH

生 生 生 生 生 生
SEI – <u>LEBEN</u> *UMARERU* – <u>GEBOREN WERDEN</u>
SCHLINGPFLANZE

21 Kreisen Sie die Datumsangaben ein, die Sie hören.

たん生日　たんじょうび　Geburtstag
たんじょうびはいつですか。
Wann ist dein/Ihr Geburtstag?
なんにちですか。
Der wie vielte ist das?
いつあいましょうか。
Wann können wir uns treffen?
こんどのしゅうまつ
das kommende Wochenende
だいじょうぶです。
Das geht in Ordnung.
ゴールデンウィークに
in der Woche von 29. 4. bis 7. 5.
このツアーはいかがですか。
Wie gefällt Ihnen diese Tour?

平成18年　**5**

日	月	火	水	木	金	土
	1	2	3	4	5	6
7	8	9	10	11	12	13
14	15	16	17	18	19	20
21	22	23	24	25	26	27
28	29	30	31			

C Machen Sie eine Umfrage in der Gruppe und notieren Sie die Geburtsdaten von fünf Personen.

マリアさん、ちょっと…
Maria-san, chotto...

はい。
Hai.

何年生まれですか。[1]
Nan-nen umare desu ka?

１９８５年です。
Sen-kyuuhyaku-hachijuu-go-nen desu.

たん生日はいつですか。
Tanjoubi wa itsu desu ka?

１２月２０日です。
Juu-ni-gatsu hatsuka desu.

生まれたのはどこですか。[2]
Umareta no wa doko desu ka?

トリーアです。
Toriia desu.

マリア　1985年　12月　20日　トリア

Berichten Sie danach, was Sie erfahren haben:

Maria-san wa 1985-nen ni umaremashita.
Tanjoubi wa 12-gatsu hatsuka desu.
Maria-san wa Toriia de umaremashita.
umaremashita = wurde geboren

1 In welchem Jahr sind Sie geboren?
2 Wo wurden Sie geboren?

D Studieren Sie diese Fakten. Lesen Sie dann die Aussagen und markieren Sie sie als richtig oder falsch.

外国人入国記録　DISEMBARKATION CARD FOR FOREIGNER ①

E.D.No.出入国記録番号 EU 1234567

氏名（漢字）	氏 ネメッツ	名 マヌエラ		
(Name)	Family Name Nemetz	Given Names Manuela		
国籍 Nationality	オーストリア	生年月日 Date of Birth	Day 日 09 Month 月 04 Year 年 86	男 Male 1 女 Female 2
住所 Home Address	1030 Wien, Rennweg 24	職業		

1　マヌエラ・ネメッツさんはスイス人です。
2　マヌエラさんのたん生日は９月４日です。
3　今ミュンヘンにすんでいます。
4　１０月２３日に日本に行きました。
5　４月１１日にウィーンにかえりました。[1]
6　三しゅうかん日本にいました。[2]

◯ まる　✕ バツ

1 fuhr zurück, kehrte zurück　2 war, blieb

Unterscheidung von Lesarten

Den meisten Kanji wurden im Laufe der Zeit mehrere Aussprachen zugeordnet:

ON-YOMI sind Aussprachen, die mit dem Zeichen aus China kamen.
KUN-YOMI sind Aussprachen für japanische Wörter mit gleicher Bedeutung.

In der ersten Phase war in Japan **Chinesisch Schriftsprache**, **Japanisch Umgangssprache**.
→ In Europa war im Mittelalter Latein Schriftsprache, Deutsch Umgangssprache.

日 ist die Sonne, die den Tagesablauf regelt, daher die Bedeutungen **Sonne** und **Tag**. Gemeinsam mit dem Zeichen kam die Aussprache nichi, später noch jitsu.

ひ war das japanische Wort für **Sonne**, **Tag**. In der zweiten Phase wurde die Umgangssprache mit Kanji schriftlich fixiert, daher kam die Aussprache hi hinzu.

か Dazu kamen Zusammensetzungen, in denen die Bedeutung **Tag** steckt, aber nicht das Wort hi, z. B. futsuka, mikka. Analog wurde es auch bei tsuitachi verwendet.

Diese willkürliche Zuordnung von Wörtern und Aussprachen ist möglich, weil Kanji die Bedeutung unabhängig von der Sprache vermitteln.

E Üben Sie die zwei Kanji und lesen Sie dann den Text. Die Bedeutung der unterstrichenen Wörter finden Sie im Kasten darunter. Ordnen Sie dann den roten Zeichen die richtige Aussprache zu.

休 休 休 休 休 休
KYUU, *YASU MU* – RUHEN
INDIVIDUUM LEHNT AN BAUM

子 子 子 子 子 子
KO – KIND

平成１８年のカレンダーを見ましょう。
ゴールデンウィークは４月２９日から５月７日まで[1]です。
２９日は休日で、みどりの日[2]と言います。
つぎ[3]の日は日よう日です。
５月１日と２日は平日ですが、休みをとります[4]。
水よう日・木よう日・金よう日はまた[5]休日です。
３日はけんぽうきねん日[6]で、４日はこくみんの日[7]です。
５日は子ども[8]の日です。
６日と７日はしゅうまつ[9]で、かいしゃが休みです。
ゴールデンウィークは９日かん[10]の休みになります[11]。

1 von … bis … 2 „grüner Tag“ = Umwelttag 3 nächste(r) 4 Urlaub nehmen 5 wieder
6 Tag der Verfassung 7 Tag des Volkes 8 Tag des Kindes 9 Wochenende
10 neun Tage lang 11 werden zu

futsuka
go-gatsu
heijitsu
Heisei
hi
itsuka
kinenbi
kokonoka-kan
kyuujitsu
mikka
muika
nanoka
nen
nichi-youbi
shi-gatsu
tsuitachi
yasumi
yokka

F Studieren Sie diese Wörter, bevor Sie die Konversation hören.

こんどのしゅうまつに　am kommenden Wochenende
何をしますか　なに　was machen Sie?
ごぜんちゅう　im Lauf des Vormittags
かいものをします　Einkäufe erledigen
それから　danach
ごご　(am) Nachmittag
えいかいわ　Englischkonversation
きょうしつ　Klassenzimmer, Kurs
よる　(am) Abend
あさ　(am) Morgen
あさはやく　früh am Morgen
でかける　ausgehen, etwas unternehmen
どこへ行くんですか　wo fährst du/fahren Sie hin?
ディズニーランド　Disneyland

22 Hören Sie das Gespräch und studieren Sie diese Kalender. Welcher kommt im Gespräch vor?

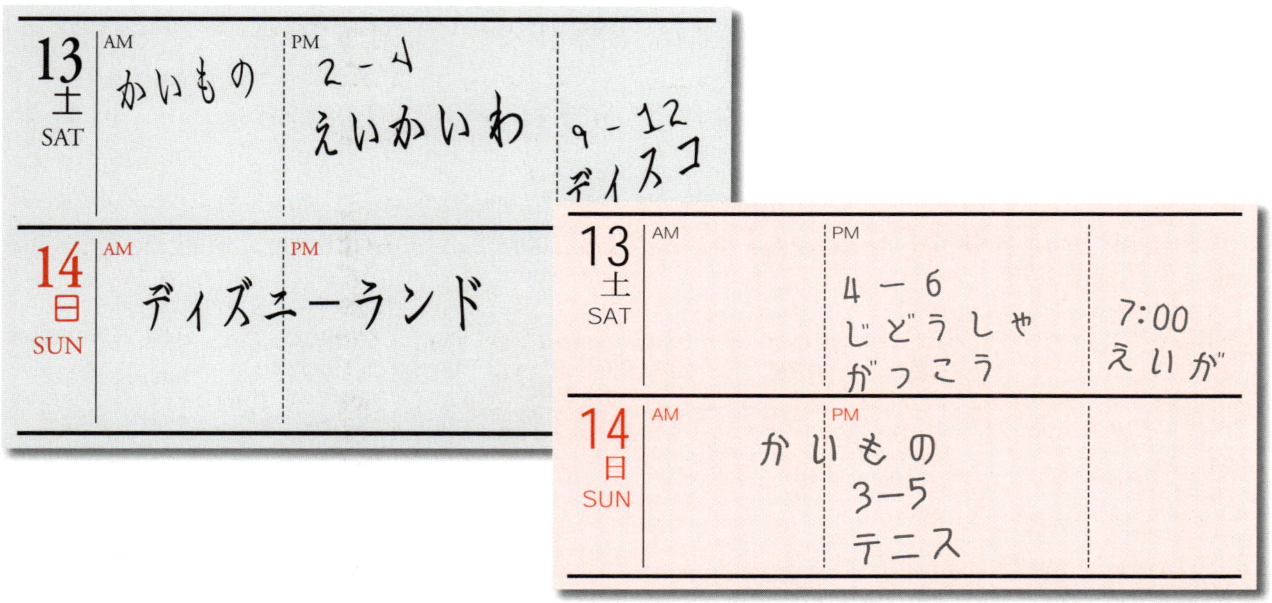

G Studieren Sie diese Uhrzeiten.

いちじ　にじ　よじ　しちじ　くじ　じゅういちじ

一時　二時　四時　七時　九時　十一時

Schreiben Sie die Aussprache dieser Uhrzeiten in Hiragana darunter.

三時　五時　六時　八時　十時　十二時

H Üben Sie die Minuten und die Kanji.

1分 ip-pun 2分 ni-fun 3分 san-pun
4分 yon-pun 5分 go-fun 6分 rop-pun
7分 nana-fun 8分 hachi-fun, hap-pun
9分 kyuu-fun 10分 jup-pun, jip-pun

八刀 分 分 分 分 分
FUN – MINUTE
ACHT AUF SCHWERT

半 半 半 半 半 半
HAN – HÄLFTE
ZWEI MAL ZWEI HALB DURCH STRICH

han bedeutet „30 Minuten nach der Stunde", z. B. **ni-ji han**: „zwei Uhr **und eine halbe Stunde** = halb **drei**

23 Kreisen Sie die Uhrzeiten ein, die Sie hören.

0時 1時55分 2時10分 3時45分 4時20分 5時35分

6時半 7時25分 8時40分 9時15分 10時56分 11時半

I Studieren Sie die Fahrzeiten einiger Züge des *Toukaidou-Shinkansen* und beantworten Sie dann die Fragen 1 – 5 darunter.

キロ		のぞみ 5号	ひかり 107号	のぞみ 11号	こだま 423号	ひかり 199号	のぞみ 27号
0	とうきょう発	7:52	8:07	10:56	14:10	16:14	18:52
366	なごや着	9:32	10:01	12:32	17:04	18:08	20:32
552	おおさか着	10:26	11:10	13:26	18:20	19:10	21:26
894	ひろしま着	11:43	12:59	14:47		21:12	22:47
1179	はかた着	12:45	14:24	15:53		22:25	23:53

gou Nummer
hatsu ab …
chaku an …

1 のぞみ５号は何時何分[1][2]にとうきょうを出ます[3]か。
2 ひかり１０７号は何時何分になごやにつきます[4]か。
3 のぞみ１１号は何時何分におおさかにつきますか。
4 こだま４２３号はひろしまに行きますか。
5 ひかり１９９号は何時何分にはかたにつきますか。
のぞみ２７号はとうきょうからはかたまで五時かんぐらい[5]かかります[6]。

1 **nan-ji (ni)** (um) wie viel Uhr 2 **nan-pun (ni)** (um) wie viel Minuten 3 **… o demasu** abfahren, verlassen
4 **…ni tsukimasu** ankommen in … 5 **go-ji-kan-gurai** ca. 5 Stunden 6 **kakarimasu** brauchen, benötigen

Zeitenverwendung

Ausgehend vom **„Jetzt"** unterscheidet man diese vier Aspekte:

1. **vergangen** (schon vorbei)
2. **verlaufend** (seit einiger Zeit bis jetzt)
3. **nicht vergangen** (in der Zukunft)
4. **zeitlos** (allgemein, wiederkehrend)

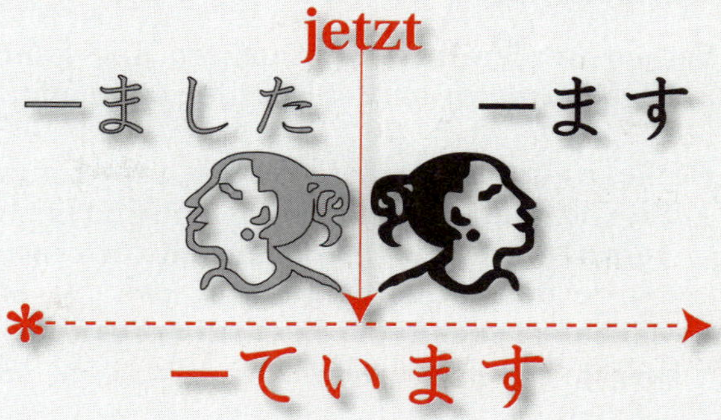

ad 1:	ドイツからきました。	Ich komme aus Deutschland. (*schon vorbei!*)
	夕べ(ゆうべ)テニスに行きました。	Ich ging gestern abend Tennis spielen.
	ニュースを見ました。	Ich habe die Nachrichten gesehen.
ad 2:	ベルンにすんでいます。	Ich wohne in Bern. (*seit einiger Zeit und jetzt*)
	じどうしゃをもっていません。	Ich besitze kein Auto. (*früher und jetzt nicht*)
	本を読んでいます。	Ich lese gerade ein Buch. (*seit … bis jetzt*)
ad 3:	きょうテニスに行きます。	Ich gehe heute Tennis spielen.
	こんばんテレビを見ます。	Ich werde heute Abend fernsehen.
	あしたパーティーをします。	Ich mache morgen eine Party.
ad 4:	日本人はしんせつです。	JapanerInnen sind freundliche Menschen.
	時々テニスに行きます。	Ich gehe manchmal Tennis spielen.
	わたしはカラオケが好きです。	Ich mag Karaoke.

K Lesen Sie diese Sätze und entscheiden Sie, zu welcher der vier Kategorien die Zeiten gehören.

◯ ヘルマンさんは時々ガールフレンドとディスコに行きます。

◯ マヌエラさんは今ばんボーイフレンドとディスコに行きます。

◯ ヨーハンさんは今ガールフレンドとディスコに行っています。

◯ マリオンさんは夕べボーイフレンドとディスコに行きました。

Bilden Sie jetzt eigene Sätze, die diese Wörter enthalten:

時々（ときどき）manchmal　今ばん（こん～）heute Abend　今（いま）jetzt　夕べ（ゆうべ）gestern Abend

Verbformen

Verben werden in Wörterbüchern und Lehrbüchern immer in der **einfachen zeitlosen Form** angegeben, denn aus der Endsilbe kann man die Bildung aller Formen erschließen.

Höfliche Formen werden gebildet, indem man:

1. die Endsilbe auf -u durch die entsprechende Silbe auf -i ersetzt (außer bei manchen Zeitwörtern auf -eru oder -iru, bei denen -ru wegfällt, z. B. miru > mi—)
   Manchmal ändert sich die Qualität des Konsonanten:
   hanasu > hanashimasu, motsu > mochimasu
2. die Silbe -ma- und daran eine Endung anhängt:
   -shita für Vergangenes,
   -su für nicht Vergangenes/Zeitloses,
   -sen für Verneintes

−e/−i る	る	む	ぶ	ぬ	つ	す	く	う
○	り	み	び	に	ち	し	き	い

書・き・ま・した / す / せん

Die **Verlaufsform** besteht aus der **Bindeform** und imasu. Die Bindeform bildet man durch:

1. Ersetzen der Endung:	−e/−i る	る	む	ぶ	ぬ	つ	す	ぐ	く	う
durch Bindeglied:	○	っ	ん	ん	ん	っ	し	い	い	っ
2. Anhängen der Endung:	て	て	で	で	で	て	て	で	て	て

Beispiele:

書・く → 書・いて　　話・す → 話・して
読・む → 読・んで　　見・る → 見・て

Achtung:

する → し・ま・ / し・て (suru → shima-, shite)
くる → き・ま・ / き・て (kuru → kima-, kite)
行く → 行っ・て (iku → itte)

L Ergänzen Sie die fehlenden Endungen oder Bindeglieder.

お休__なさい	よくふり__すね	おねがい____す
ドイツからきま____	ボンに____でいます	はじめ______
はい、わかり______	もって____せん	メールをつか____います
よくテレビを見____	サッカーをし____	ピアノをひ__ます

10 日本の国 Nihon no kuni

A Studieren Sie diese Landkarte und verbinden Sie die Satzteile zu korrekten Aussagen zu Japans Geografie.

さっぽろ は	ほっかいどう に	あります。
もりおか は	ほんしゅう に	
とうきょう も	しこく に	
とくしま は	きゅうしゅう に	
かごしま は		

Ergänzen Sie die Inseln:

せんだい は	______ に	あります。
きょうと も	______ に	
おおさか も	______ に	
ひろしま も	______ に	
ふくおか は	______ に	

…も „auch …“

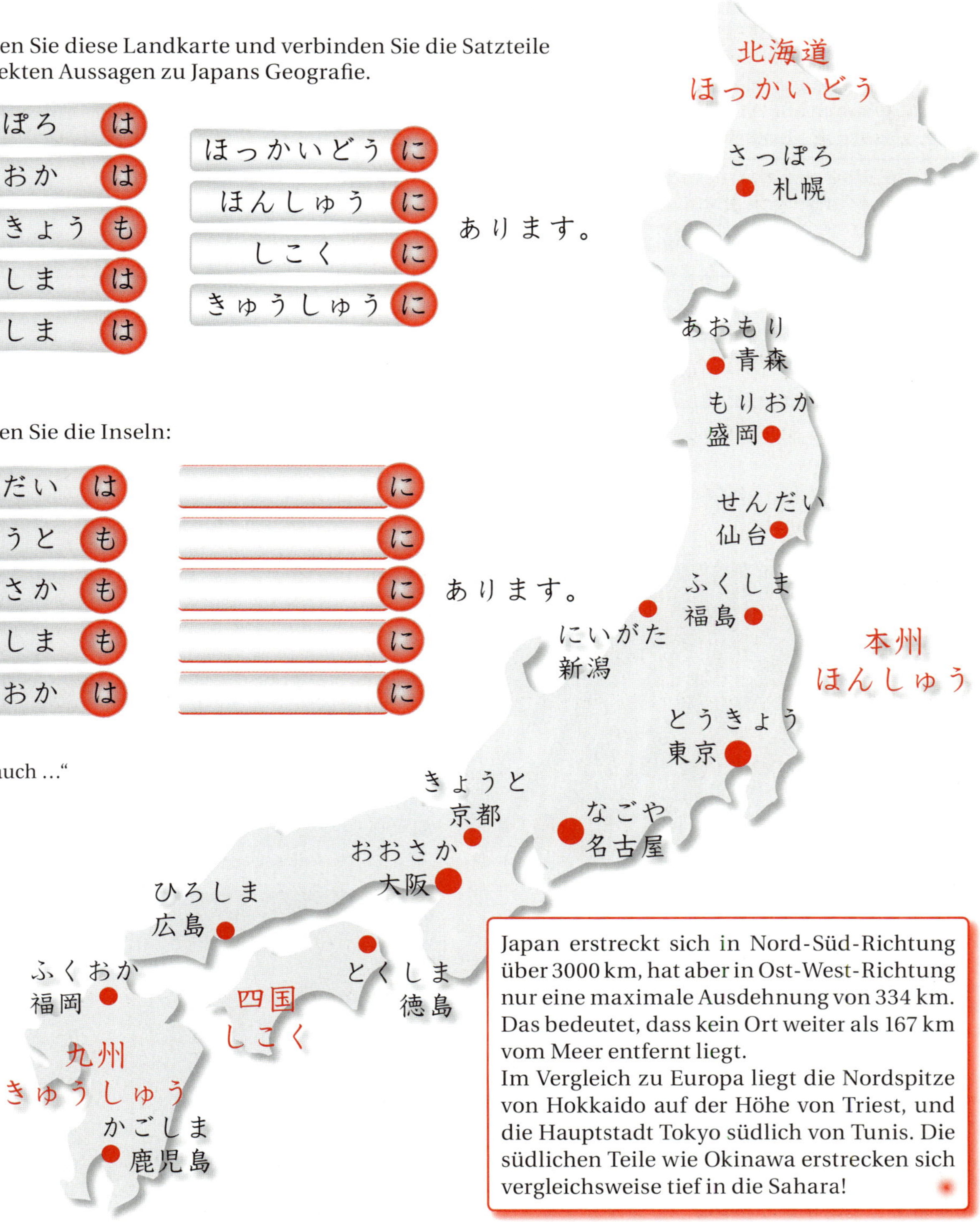

Japan erstreckt sich in Nord-Süd-Richtung über 3000 km, hat aber in Ost-West-Richtung nur eine maximale Ausdehnung von 334 km. Das bedeutet, dass kein Ort weiter als 167 km vom Meer entfernt liegt.
Im Vergleich zu Europa liegt die Nordspitze von Hokkaido auf der Höhe von Triest, und die Hauptstadt Tokyo südlich von Tunis. Die südlichen Teile wie Okinawa erstrecken sich vergleichsweise tief in die Sahara!

B Üben Sie diese Kanji.

北 北 北 北 北 北 **HOKU** *KITA* – NORDEN HINSETZEN RÜCKEN AN RÜCKEN	国 国 国 国 国 国 **KOKU** *KUNI* – LAND BEGRENZTE SCHATZTRUHE
海 海 海 海 海 海 **KAI** *UMI* – MEER TROPFEN WERDEN OZEAN	東 東 東 東 東 東 **TOU** *HIGASHI* – OSTEN HINTER BAUM GEHT SONNE AUF
道 道 道 道 道 道 **DOU** *MICHI* – WEG HORN, AUGE MIT BEWEGUNG	京 京 京 京 京 京 **KYOU** – HAUPTSTADT
州 州 州 州 州 州 **SHUU** – PROVINZ KURZ, LANG, KURZ. LANG, KURZ, LANG	山 山 山 山 山 山 **SAN** *YAMA* – BERG (als Endung von Bergnamen immer **SAN**)

C Betrachten Sie diese Bilder und lesen Sie die dazu gehörigen Ortsangaben.

D Merken Sie sich diese Wörter und üben Sie die Kanji. Lesen Sie danach die Aussagen.

山	やま	Berg
火山	かざん	Vulkan
森林	しんりん	Wald
人口	じんこう	Einwohner
島	しま	Insel
多い	おおい	viel
少ない	すくない	wenig

日本 は [山 / 火山 / 森林 / 人口 / 島] が 多いです。

森 森 森 森 森 森
SHIN – <u>WALD</u>
DREI BÄUME

林 林 林 林 林 林
RIN – <u>HAIN</u>, <u>WÄLDCHEN</u>
ZWEI BÄUME

島 島 島 島 島 島
SHIMA – <u>INSEL</u>
VOGEL AUF BERG

多 多 多 多 多 多
OOI – <u>VIEL</u>
STEHT IN ZWEI TAGEBÜCHERN

少 少 少 少 少 少
SHOU ***SUKUNAI*** – <u>WENIG</u>
UNZUFRIEDENES GESICHT

E Studieren Sie diese Wörter.

れん休に （れんきゅう） am verlängerten Wochenende

たぶん vielleicht

ともだちと mit Freund(inn)en

おんせん heiße Quelle, Bad

…に行くかもしれません vielleicht fahre/gehe ich nach…

東北 とうほく Nordosten von Honshuu

…に行きたいです ich möchte nach … fahren

べつに (überhaupt) nicht

よていがありません ich habe nichts vor

うちで zu Hause

ゆっくりしたいです ich möchte ausspannen

かぞくと mit der Familie

山へ やまへ ins Gebirge

…に行くつもりです ich habe vor, nach … fahren

24 Hören Sie die Gespräche und verbinden Sie die richtigen Satzteile:

まついさん は	5月 に	うち で ゆっくりしたいです。
うえださん は	ゴールデンウィーク に	ディズニーランド に 行くつもりです。
山本さん は	しゅうまつ に	おんせん に 行くかもしれません。
木むらさん は	日よう日 に	東北 に 行きたいです。
大川さん は	れん休 に	山 に 行くつもりです。

Bedingung, Wunsch, Absicht und Unsicherheit

Folgende Verbformen bzw. Phrasen werden dazu verwendet:

もし日本に行**ったら**… wörtlich: *Für den Fall, dass ich nach Japan fahre…*
⇒ Wenn ich nach Japan fahren **sollte**, …

Bildung mit demselben Stamm wie die Bindeform und たら…

九州に行き**たいです**。 *Ich habe den Wunsch, nach Kyushu zu fahren.*
⇒ Ich **möchte/will** nach Kyushu fahren.

Bildung mit demselben Stamm wie die höflichen Formen und たいです。

北海道に行く**つもりです**。 *Ich habe die Absicht, nach Hokkaido zu fahren.*
⇒ Ich **habe vor**, nach Hokkaido zu fahren.

Bildung mit einfacher zeitloser Form und つもりです。

四国に行く**かもしれません**。 wörtlich: *Ich weiß nicht, ob ich nach Shikoku fahre.*
⇒ Ich fahre **vielleicht** nach Shikoku.

Bildung mit einfacher zeitloser Form und かもしれません。

F Üben Sie die Kanji hier und auf der nächsten Seite.

連 連 連 連 連 連
REN – VERBINDEN, *TSURERU* – BEGLEITEN
WAGEN IN BEWEGUNG

週 週 週 週 週 週
SHUU – WOCHE
DOSE MIT ERDE, MUND IN BEWEGUNG

友 友 友 友 友 友 (na nu?)
TOMO – FREUND
NA-NU?

末 末 末 末 末 末
MATSU – ENDE
LANGER EINSER MIT BAUM

家 家 家 家 家 家
IE – HAUS *UCHI* – ZU HAUSE
UNTER DACH EIN SCHWEIN

来 来 来 来 来 来
RAI, *KURU* – KOMMEN
AST UND ZWEI VÖGEL AUF BAUM

今 今 今 今 今
KON, *IMA* – <u>JETZT</u>
GIEBEL ÜBER RADFAHRER

曜 曜 曜 曜 曜
YOU – <u>WOCHENTAG</u>
SONNE, ZWEI YOGAKÄSTEN AUF VOGEL

度 度 度 度 度
10 + 10 / 20
DO – <u>MAL, GRAD</u>
SCHEUNE MIT 20 NUSSKNACKERN

花 花 花 花 花
HANA – <u>BLUME</u>
GRASDACH AUF INDIVIDUUM HINSETZEN

G Ordnen Sie den roten Wörtern die richtige Aussprache zu.

山本さんは連休に友だちと山へ行くつもりです。 — ともだち　やまもと　れんきゅう

今山さんは今週東北へ行くかもしれません。 — とうほく　いまやま　こんしゅう

わたしは今度の週末に家でゆっくりしたいです。 — うち　こんど　しゅうまつ

A: 今度の土曜日に何をするつもりですか。

B: 今月はしごとが多いですから[1]、
家でゆっくりするつもりです。

なに　どようび　こんど
うち　おおい　こんげつ

A: なるほど[2]。日曜日もゆっくりするつもりですか。

B: そうですね。たぶん山へ行くかもしれません。
さくらの花が今とてもきれいですから。

いま　はな
にちようび　やま

1 から nach einem Verb macht aus dem Satz eine Begründung: *„Weil ich diese Woche viel Arbeit habe..."*
2 hier: *„Das kann ich gut verstehen."*

今 bildet unter anderem diese Wörter:

今日は　こんにちは
今晩は　こんばんは
今度　こんど
今週　こんしゅう
今月　こんげつ

Beachten Sie diese Eigenheiten:

今日　きょう　heute
今年　ことし　dieses Jahr

来 bildet als Vorsilbe diese Wörter:

来週　らいしゅう
来月　らいげつ
来年　らいねん
さ来　bedeutet „übernächst", z. B.
さ来週　übernächste Woche

hat als Verbstamm die Lesarten:

来る　くる　einfach zeitlos
来ま・　きま・　höflich

H Sehen Sie sich diese Bilder an und merken Sie sich die Wörter. Sprechen Sie dann mit einem Partner darüber.

2月　ゆきまつり[3]
(Gebäude aus Eis und Schnee)

1 らいげつ nächster Monat　2 (Tempel-)Fest　3 Schneefest　4 Anfang　5 はな　Kirschblüte　6 Herbstlaub

I Vervollständigen Sie diese Sätze nach dem Muster und bilden Sie eigene.

もし５月に日本に行ったら、ぜひまつりを見に行きたいです。
Falls ich im Mai nach Japan fahre, möchte ich auf jeden Fall ein Tempelfest sehen.

もし２月に北海道に行ったら、ぜひ____________を見に行きたいです。

もし来月東京に行ったら、ぜひ____________を見に行きたいです。

もし１０月に日本に行ったら、ぜひ____________を見に行きたいです。

K Sprechen Sie mit einem Partner über die Bilder auf der vorigen Seite.

まつりはおもしろい**そう**ですね。
Das Tempelfest **soll** interessant sein.

ええ、おもしろいですよ。
見に行きたいですか。
Ist wirklich toll. Möchtest du es sehen?

ええ、ぜひ見たいです。
いつですか。
Ja, bestimmt. Wann ist es?

５月１８日です。
いっしょに行きましょうか。
Am 18. Mai. Gehen wir gemeinsam?

ぜひ連れて行ってください。
Ja, nimm mich bitte auf jeden Fall mit.

L Was sagen Sie, wenn Sie keine Lust haben? Studieren Sie die Verneinung anhand dieses Beispiels.

えいがはつまらない**そう**です。あまり見に行き**たくない**です。
Der Film **soll** langweilig sein. Ich will ihn **nicht** unbedingt sehen.

25 Hören Sie die Gespräche und verbinden Sie die richtigen Satzteile.

まついさん は	アニメ を	行き たくない です。
うえださん は	ギター を	聞き たくない です。
山本さん は	パーティー に	ひき たくない です。
木むらさん は	CD を	し たくない です。
大川さん は	チェス を	見 たくない です。

M Ergänzen Sie diese Sätze nach Ihren eigenen Vorlieben.

		スリラー ○ ______
	今	カラオケ ○ ______
わたし は	今ばん	ピアノ ○ ______
	あした	おんがく ○ ______
		ゆっくり ______

Effiziente Kommunikation

1 Für Fragen mit Ja/Nein-Antwort bilden Sie einen Aussagesatz und hängen か an:

がく生さんですか。

はい、そうです。
いいえ、がく生ではありません…

2 Pronomen wie あなた verwendet man selten. Als Anrede dient der Name oder die Funktion:

山本さん、土曜日に出かけますか。

はい、出かけます。
いいえ、出かけません…

3 Beantworten Sie eine Frage mit Nein, fügen Sie meist den wahren Sachverhalt an:

いいえ、がく生ではありません。こうこう生です。
いいえ、出かけません。家でパーティーをします。

4 Aufforderungen sind häufig verneinte Fragen, oder Aussagen mit der Form ーましょう:

いっしょに行きませんか。　はい、行きましょう。
いっしょに行きましょう。　ちょっと忙しいんです…

5 JapanerInnen vermeiden oft ein schroffes Nein. An dessen Stelle tritt eine ablehnende Phrase:

でんわばんごうは何ばんですか。　それはちょっと…

N Ordnen Sie die passende Antwort zu.

1 いっしょにディスコに行きませんか。
2 いっしょにピアノをひきましょう。
3 いっしょにサッカーをしましょう。
4 いっしょにビデオを見ませんか。
5 いっしょにラジオを聞きましょう。

a ビデオですか。今ちょっと…
b サッカーですか。あまり…
c 今ちょっとテレビを見たいんですが…
d 今？ちょっとゆっくりしたいんですが…
e 忙しいですから、ちょっと行けません。

O Schreiben Sie fünf Vorschläge auf und fragen Sie Leute in der Gruppe nach ihrer Antwort.

Beispiele:

。。。さん、週末にテニスをしましょう。
。。。さん、今ばんいっしょにディスコに行きませんか。

11 日本の住まい Nihon no sumai

ビル

A Wohnen in Japan. Merken Sie sich diese Wörter.

いっこだて

マンション

こうそうビル

アパート

せまい	ひろい	たかい	ひくい	たかい	やすい
eng	geräumig	hoch	niedrig	teuer	billig

Japan ist mit knapp 378.000 Quadratkilometer etwas größer als die Bundesrepublik Deutschland. Im Vergleich zu Österreich oder der Schweiz ist Japan ca. viereinhalb bzw. neun Mal so groß.

Aufgrund der Topografie Japans sind jedoch zwei Drittel der Landesfläche praktisch nicht nutzbar, sodass sich die ca. 125 Millionen Einwohner mit einer Fläche im Ausmaß von Bayern, Baden-Württemberg und Rheinland-Pfalz begnügen müssen.

Dieser Lebensraum erstreckt sich hauptsächlich entlang der Küste, und die größte Bevölkerungskonzentration findet sich in den großen Ebenen um Tokyo, Nagoya und im Raum Osaka und Kobe.

Zur Illustration sei angeführt, dass der Verwaltungsbezirk Tokyo mit 2166 km^2 kleiner als das Saarland oder Vorarlberg ist, aber 12 Millionen Einwohner zählt.

Daraus wird verständlich, warum Wohnungen, relativ zum Wohlstand der Durchschnittsbevölkerung, klein und teuer sind.

Trotz der hohen Preise gilt aber auch in Japan der Spruch *my home is my castle*. Eigenheime sind relativ geräumig, aber die dazugehörigen Grundstücke nicht viel größer als die Grundfläche des Einfamilienhauses.

B Sprechen Sie mit einem Partner übers Wohnen.

いっこだてにすんでいますか。
Wohnst du in einem Einfamilienhaus?

はい、いっこだてにすんでいます。
そうです。

いいえ、マンションにすんでいます。
Ja. — Nein, in einer Eigentumswohnung.

アパートにすみたいですか。
Möchtest du in einer Mietwohnung wohnen?

あまりすみたくないです。
せまくて、やちんがたかいです。
Lieber nicht. Sie sind eng, und die Miete ist hoch.

どこにすみたいですか。
Wo möchtest du denn wohnen?

わたしは日本のいえにすみたいです。
Ich möchte in einem japanischen Haus wohnen.

Zeit-Adjektiv

Das **Zeit-Adjektiv** besteht aus einem Adjektiv mit integriertem Hilfsverb *sein*.

In der zeitlos-höflichen Form bildet man die bejahte Aussage mit です:

アパートはせまいです。いっこだてにすみたいです。

In der Verneinung wird い durch く ersetzt und ないです angehängt:

わたしのマンションはあまりひろくないです。
わたしはこうそうビルにすみたくないです。

Werden zwei positive Eigenschaften verbunden, ersetzt man beim ersten Wort い durch くて:

まえださんのすまいはひろくてとてもいいです。

Diese Wortart erkennt man daran, dass sie zeitlos immer auf い endet und davor immer eine Silbe mit Vokal **-a**, **-i**, **-u**, oder **-o** kommt. Einzige Ausnahme ist きらい.

C Üben Sie diese Kanji.

高 高 高 高 高 高
TAKAI – HOCH, TEUER
HOHER PALAST

住 住 住 住 住 住
SUMU – WOHNEN
INDIVIDUUM MIT BESITZER

安 安 安 安 安 安
YASUI – BILLIG
DACH ÜBER FRAU

広 広 広 広 広 広
HIROI – WEIT, BREIT
SCHEUNE ÜBER MUSKELPROTZ

低 低 低 低 低 低
HIKUI – NIEDRIG
INDIVIDUUM MIT FAMILIE, STRICH

D Setzen Sie die richtige Form des Zeit-Adjektivs ein.

1 東京はマンションが＿＿＿＿＿＿＿＿＿＿です。　高い

2 日本のアパートはあまり＿＿＿＿＿＿＿＿＿＿です。　広い

3 日本は＿＿＿＿＿＿＿＿＿＿住まいがほとんどありません。　安い

4 いっこだては＿＿＿＿＿＿＿＿＿＿、住みいい[1]です。　低い

[1] すみいい　gut zu wohnen

E Studieren Sie diese Wörter, bevor Sie die Gespräche hören.

アパート　Mietwohnung
中心　ちゅうしん　Zentrum
郊外　こうがい　Vorort
家ちん　やちん　Miete
マンション　Eigentumswohnung
いっこだて　Einfamilienhaus
りょうしんの家　Haus der Eltern
町の中　まちのなか　in der Stadt
いなかの方　ほう　auf dem Land
だいがくのちかく　in der Nähe der Uni
一人で　ひとり　allein
くらす　leben, wohnen
りょう　Studentenwohnheim
うみのちかく　in der Nähe vom Meer
…をかう　kaufen
富士タワーの23かい　23. Stock des Fuji-Towers
ながめ　Aussicht

26 Hören Sie die Gespräche und verbinden Sie die richtigen Satzteile.

まついさんは	りょうしんといっしょに	住んでいます。
うえださんは	友だちといっしょに	
山本さんは	ほかのがく生といっしょに	
木むらさんは	一人で	
大川さんは		

F Hören Sie die Gespräche nochmals und markieren Sie diese Aussagen als richtig oder falsch.

1 まついさんはこうがいのマンションに住んでいます。
2 うえださんはいなかのいえに住んでいます。
3 山本さんは大学のりょうに住んでいます。
4 木むらさんはまちのなかのアパートに住んでいます。
5 大川さんはまちのちゅうしんのこうそうビルに住んでいます。

G Üben Sie diese Kanji.

外 外 外 外 外 外
GAI – AUSSERHALB
TAGEBUCH UND TOPF

中 中 中 中 中 中
CHUU, ***NAKA*** – MITTE, INNEN
MITTELSTRICH DURCH BRETT

方 方 方 方 方 方
HOU – RICHTUNG ***KATA*** – PERSON
DECKEL MIT FAHNE

心 心 心 心 心 心
SHIN – HERZ

町 町 町 町 町 町
STADT
MACHI – STADT
REISFELD MIT ORTSTAFEL

郊 郊 郊 郊 郊 郊
KOU – STADT
SECHS KREUZUNGEN IM DORF

村 村 村 村 村 村
MURA – DORF
BAUM UND ZOLL

Lesart und Bedeutung von Kanji

Der Anteil von Lehnwörtern chinesischen Ursprungs bzw. von später in Japan mithilfe von Kanji gebildeten Wörter beträgt ca. 60 Prozent des gesamten Wortschatzes der japanischen Sprache.

Die chinesische Sprache besitzt eine sehr große Anzahl von Synonymen, d. h. Wörtern mit gleicher Bedeutung, daher kommen in einem Abschnitt gleich zwei Kanji mit der Bedeutung *Stadt, Ansiedlung* vor, die jedoch im Alltag in unterschiedlichem Kontext verwendet werden:

郊 in Zusammensetzungen, z. B. 郊外 — 町 allein stehend auch in *kun-yomi*

Gleichzeitig besitzt das Chinesische aufgrund der einsilbigen Struktur eine noch größere Anzahl von Homonymen, d. h. Wörtern mit gleicher Aussprache, aber unterschiedlicher Bedeutung. Allein in diesem Lernabschnitt finden sich vier Zeichen, deren *on-yomi* **KOU** sein kann:

高 — 広 — 郊 — 後

Homonyme können zwar schriftlich unterschieden werden, aber mündliche Kommunikation ist mit einsilbigen Wörtern sehr schwierig. Die Lösung des Problems besteht darin, dass zwei Synonyme zusammengesetzt werden, um einen eindeutig identifizierbaren Begriff zu schaffen:

森 ＋ 林 ＞ 森林 しんりん Wald, Forst

H Wo wohnen Sie? Schreiben Sie über die Art Ihrer Wohnung, ihre Lage usw., zum Beispiel:

わたしはアパートに住んでいます。アパートはちょっとせまいですが、中心にあります。一人で住んでいます。

Ich wohne in einer Mietwohnung. Sie ist klein, aber im Zentrum. Ich wohne allein.

I Betrachten Sie den Plan einer Wohnung und ordnen Sie den Wörtern die deutsche Bedeutung zu.

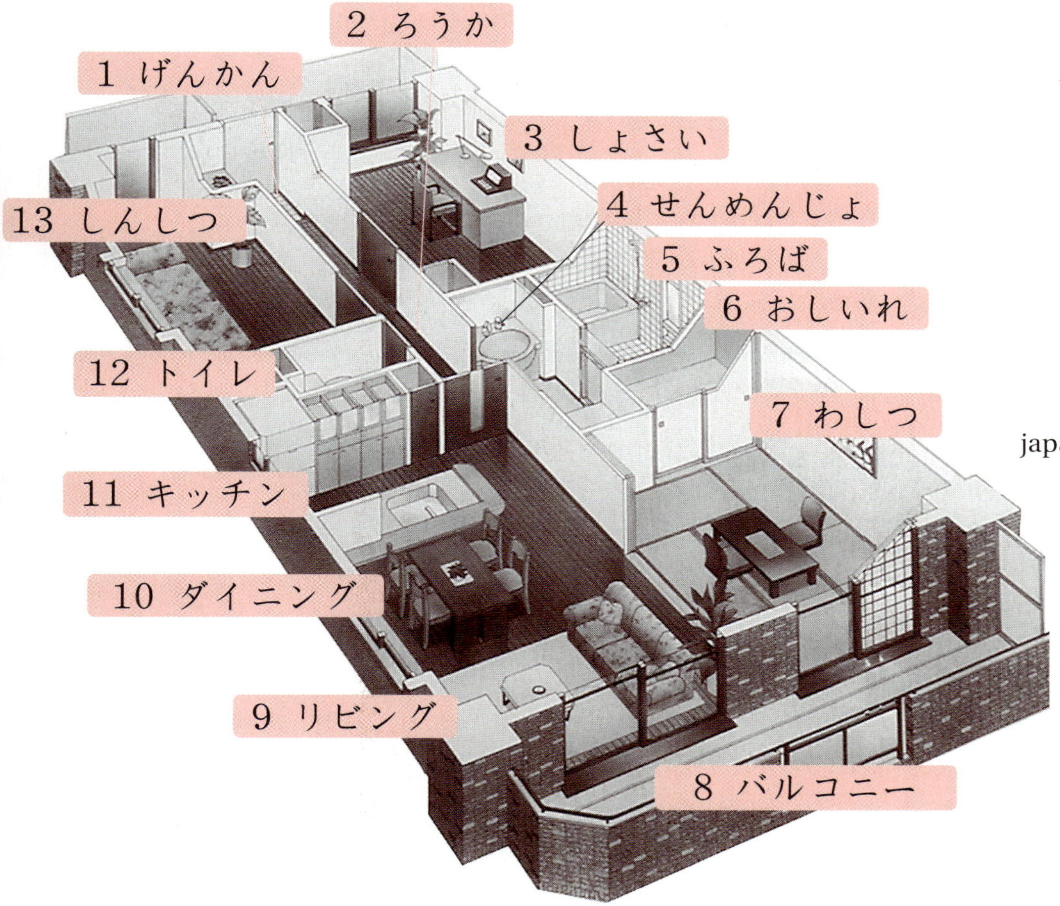

- Arbeitszimmer ◯
- Badezimmer ◯
- Balkon ◯
- Eingang ◯
- Essplatz ◯
- Gang ◯
- japanischer Raum ◯
- Küche ◯
- Schlafzimmer ◯
- Wandschrank ◯
- Waschtisch ◯
- WC ◯
- Wohnzimmer ◯

K Bilden Sie mit Hilfe dieses Satzmusters möglichst viele zutreffende Aussagen zu diesem Plan.

キッチン	は	しょさい	の	となり	に	あります。
リビング		ダイニング		右がわ		
わしつ		げんかん		左がわ		
トイレ		しんしつ				
ふろば		トイレ				
しんしつ		わしつ				
		ろうか				

となり daneben, benachbart　右かわ みぎがわ rechte Seite　左がわ ひだりがわ linke Seite

Relative Ortsbestimmungen

Relative Ortsbestimmungen sind Substantive, denen im Deutschen Ortspräpositionen, z. B. *neben*, oder Adverbien, z. B. *links*, entsprechen.

Das Wort, auf das sich die relative Ortsbestimmung bezieht, steht vorne mit der Partikel の:

キッチンのとなり *neben der Küche* ろうかの右がわ *rechts vom Gang*

An die Ortsbestimmung hängt man die dem Satzglied entsprechende Partikel an:

キッチンのとなりはダイニングです。
トイレはろうかの右がわにあります。

L Studieren Sie diese relativen Ortsbestimmungen und üben Sie die dazugehörigen Kanji. Bereits bekannt sind diese beiden Zeichen, wenn auch mit anderen Lesarten:

中 なか *innen*

外 そと *außen*

左 左 左 左 左 左
HIDARI – LINKS
NAGEL UND E

下 下 下 下 下 下
SHITA – UNTEN

右 右 右 右 右 右
MIGI – RECHTS
NAGEL UND MUND

前 前 前 前 前 前
MAE – VORNE
HÖRNER AUF MOND-RITTER

上 上 上 上 上 上
UE – OBEN

後 後 後 後 後 後
***USHI**RO* – HINTEN
WEG, SPINDEL, LEHRER

27 Hören Sie diese Aufforderungen, aber führen Sie sie nur aus, wenn der Satz mit ください endet. Zum Beispiel:

上を見てください。

M Lernen Sie mit einen Partner, damit Sie sich diese Wörter leichter merken.

- いす　Stuhl
- ソファ　Sofa
- つくえ　(Schreib-)Tisch
- テーブル　Wohnzimmer-, Esstisch
- ベッド　Bett
- ふとん　Futon, Schlafmatratze
- でんしレンジ　Mikrowellenherd
- れいぞうこ　Kühlschrank
- ガスレンジ　Gasherd
- 本だな　Bücherregal
- シャワー　Dusche
- ゆぶね　Badewanne
- れいぼう　Klimaanlage
- スタンド　(Steh-)Lampe

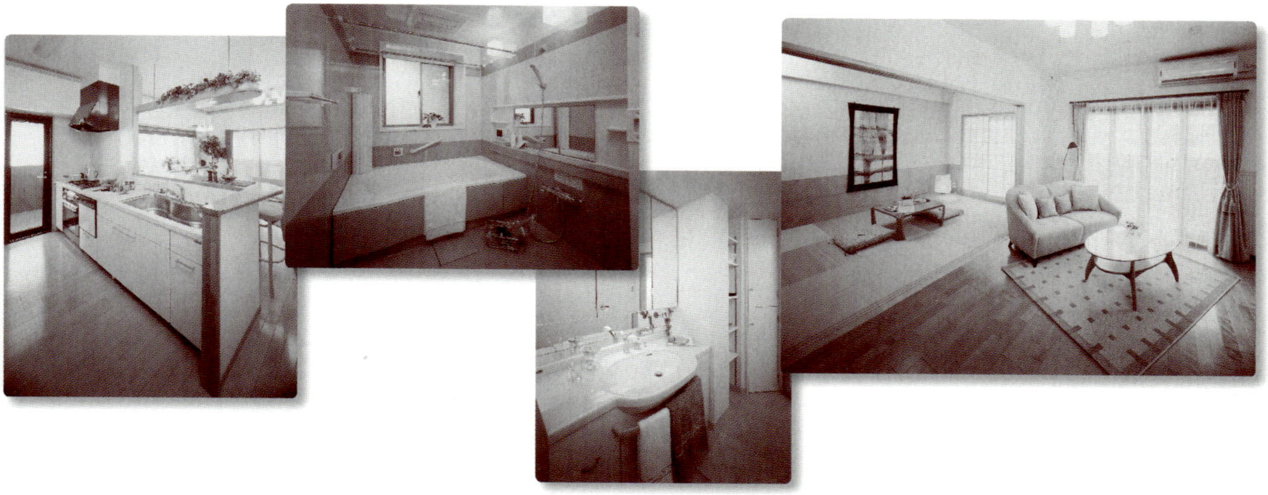

N Schreiben Sie jetzt auf, in welchem Raum sich diese Gegenstände bei Ihnen zuhause befinden.

ソファはリビングの中にあります。

O Beschreiben Sie das Bild wie in diesen Beispielen.

ゆりこさんはしょさいの中にいます。
つくえの前にいます。
つくえの上にコンピュータがあります。
コンピュータの後ろに本があります。
つくえの下にプリンタがあります。

Verwendung von あります

あります hat die Bedeutung *„es gibt, ist vorhanden“* und wird nur mit Wörtern, die unbewegliche Gegenstände bezeichnen, verwendet. Diesem Wort wird die Partikel が angehängt.

きょうは何がありますか。　　パーティーがあります。

います wird in derselben Bedeutung *„es gibt, ist vorhanden“* verwendet, wenn **sich etwas von selbst** fortbewegen kann, z. B. Personen oder Tiere. Auch diesem Wort wird die Partikel が angehängt.

だれがいますか。　　いとうさんがいます。

Wird nach dem Subjekt gefragt, ist die Partikel immer が. Dem entsprechen die deutschen Fragen *„Was gibt es? Wer ist hier?“*

Wird dagegen der **Ort** beschrieben, an dem sich die Sache oder Person befindet, steht die Sache bzw. die Person an erster Stelle mit は. Die Bedeutung ist in diesem Fall *„befindet sich“*:

東京は本州にあります。　くぼさんは今ドイツにいます。

Der Ort, an dem etwas vorhanden ist, wird in Frage und Antwort mit に markiert:

さっぽろはどこにありますか。　　北海道にあります。
くぼさんは今どこにいますか。　　ドイツにいます。
コンピュータはどこにありますか。　　つくえの上にあります。

Wird nach dem Ort gefragt, ist die Partikel immer に. Die entsprechenden deutschen Wendungen sind *„Wo ist/liegt/befindet sich ...“*.

P Setzen Sie die Satzteile richtig zusammen und schreiben Sie den richtigen Satz darunter.

1　まついさんの　あります。　つくえが　しょさいに

まついさんのしょさいにつくえがあります。

2　ありますか。　トイレは　どこに　すみません、

3　右がわに　ろうかの　トイレは　あります。

4　今　ゆりこさんは　いますか。　どこに

5　あります。　たなの　上に　CDが

6　ふとんは　おしいれの　あります。　中に

12 家庭で Katei de

A Sehen Sie sich diese Bilder an und schreiben Sie die richtige Reihenfolge in die weißen Kreise.

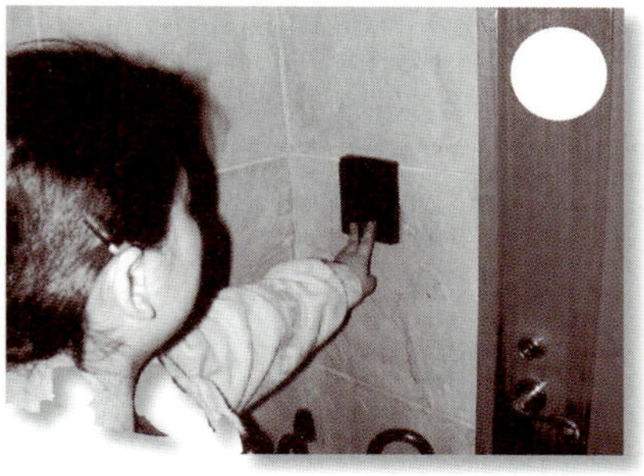

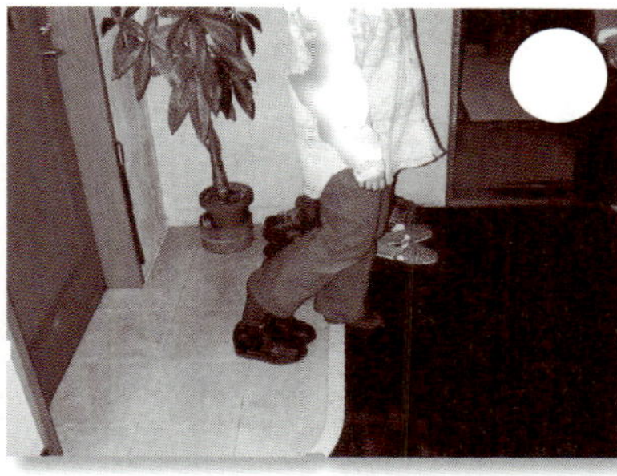
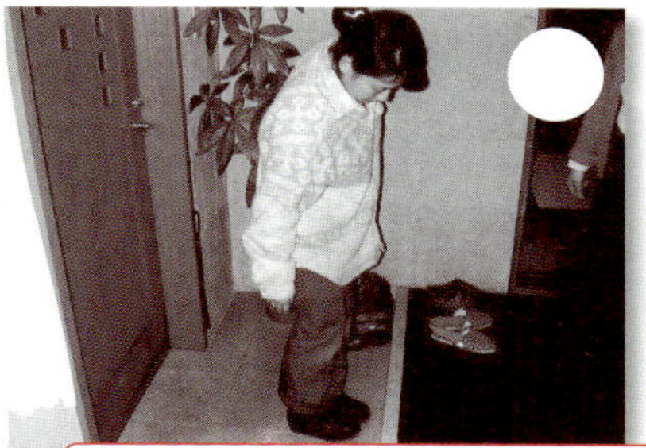
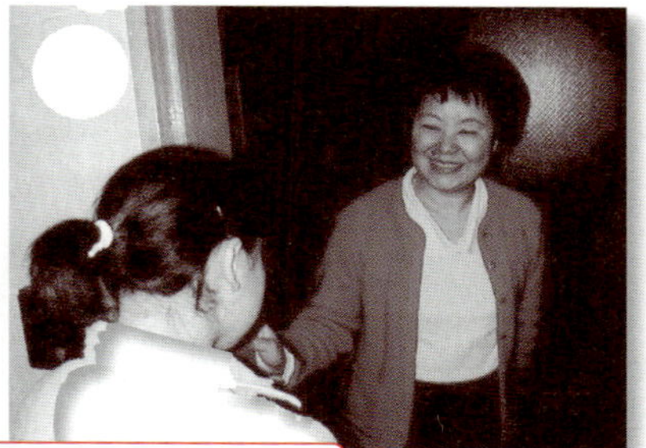

Vor dem Betreten des Wohnbereichs muss man die Schuhe unbedingt ausziehen und so hinstellen, dass man beim Weggehen hineinschlüpfen kann!

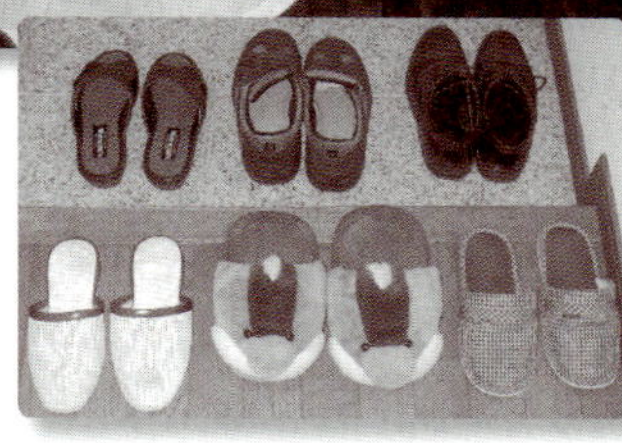

28 Hören Sie die Situation und haken Sie die Phrasen ab, die Sie hören.

○ はい。	○ どうぞ、お上がりください。[3]
○ 今日は。	○ どうぞ、お入りください。[4]
○ 今ばんは。	○ 元気？[5]
○ 久しぶりね。[1]	○ お元気ですか。[5]
○ お久しぶりです。	○ はい、おかげさまで。
○ いらっしゃいませ。	○ おじゃまします。
○ あ、いらっしゃい。	○ どうぞ中へ。
○ お待ちしていました。[2]	○ どうぞこちらへ。

1 ひさしぶり　2 おまちしていました　3 おあがりください　4 おはいり　5 げんき

B Üben Sie diese Kanji.

Kanji	Lesung – Bedeutung	Merkhilfe
久	*HISASHII* – LANGE ZEIT	KURSBUCH MIT STRICH
気	KI – GEIST, ENERGIE	MIT MECKIS MESSER
待	*MATSU* – WARTEN	AM WEG ZUM TEMPEL
田	TA – REISFELD	
入	*HAIRU* – EINTRETEN	MIT RECHTEM FUSS ZUERST
開	*AKERU* – ÖFFNEN	TOR MIT VORHÄNGESCHLOSS
元	GEN – GRUNDLAGE	2 ru
宅	TAKU – WOHNSTÄTTE	DACH AUF MOTORRAD

C Hier sind die Beschreibungen zu den Bildern in **A**. Lesen Sie die Sätze und merken Sie sich die Wörter.

マリさんはベルをならしました。	Mari läutete an der Türglocke.
前田さんはドアを開けました。	Frau Maeda öffnete die Tür.
「いらっしゃい」と言いました。	Sie sagte: „Willkommen!"
マリさんはげんかんに入りました。	Mari trat in den Eingangsbereich ein.
げんかんでくつをぬぎました。	Sie zog im Eingangsbereich die Schuhe aus.
それから、家に上がりました。	Danach betrat sie den Wohnbereich.
スリッパをはきました。	Sie zog Hausschuhe an.

ベル Glocke
…をならす … läuten
ドア Tür
…を開ける あける … öffnen
…と言う „…" sagen (mit direkter Rede)
…に入る はいる in … eintreten
くつ Schuh(e)
…をぬぐ … ausziehen
…に上がる （あがる） auf … hinaufsteigen
スリッパ Hausschuhe
…をはく … anziehen (*was Füße oder Beine bedeckt, z. B. Schuhe, Strümpfe, Hose, Rock etc.)*

Ein わしつ (Zimmer in japanischem Stil) wird niemals mit Hausschuhen betreten. Der Grund dafür ist die Empfindlichkeit des Strohs, aus dem der Bodenbelag geflochten ist.

Auch vor dem Betreten des WCs werden die Hausschuhe ausgezogen. Im WC sind eigene Pantoffeln zu benützen, die beim Verlassen wieder getauscht werden. Ausländer vergessen oft, diese wieder auszuziehen, was für Belustigung sorgt!

D Studieren Sie diese Phrasen, bevor Sie die nächste Situation hören.

お久しぶりです。 *Wir haben uns schon lange nicht gesehen!*
(Nur, wenn man jemanden einige Wochen oder länger nicht gesehen hat.)

お待ちしていました。 *Ich habe Sie (mit Freude) erwartet!*
(Ausdruck der Freude, dass man jemanden wiedersieht und alles vorbereitet ist.)

いらっしゃいませ。 *Willkommen!*
(wörtlich: *Kommen Sie!* Ist auch die übliche Begrüßung in Geschäften.)

どうぞ、お上がりください。 *Bitte, kommen Sie weiter!*
(Sagt der Gastgeber, um den Gast zum Ausziehen der Schuhe aufzufordern.)

おじゃまします。 *Darf ich Sie (wirklich) stören?*
(Sagt der Gast, wenn er die Schwelle zum Wohnbereich betritt.)

どうぞこちらへ。 *Bitte, hier entlang!*
(Damit wird der Gast in das Wohnzimmer gebeten.)

お元気ですか。 *Wie geht es Ihnen?*
(wörtlich: *Sind Sie bei bester Gesundheit?* In der Unterhaltung mit Freunden einfach 元気？)

おかげさまで。 *Danke der Nachfrage.*
(stehende Phrase, die お元気ですか。 beantwortet. Auf 元気？antwortet man mit はい。)

29 Hören Sie diese Situation und übernehmen Sie die Rolle des Gastes. Ordnen Sie die Phrasen richtig zu.

1 Die Tür wird geöffnet.

2 Sie betreten den Wohnbereich.

3 Sie ziehen die Hausschuhe an.

4 Beantworten Sie die Frage nach dem Befinden.

おかげさまで。

おじゃまします。

今日は。お久しぶりです。

すみません。

Der Umgang miteinander ist in Japan sehr formal und höflich und basiert auf hoher gegenseitiger Achtung. In der Sprache findet dies folgendermaßen Ausdruck:

1 Es gibt viele Redewendungen, die diese Förmlichkeit unterstreichen, z. B. おじゃまします.

2 Aufforderungen werden höflich formuliert: お – i-Stamm –ください.
Beispiele: お上がりください　お入りください　おかけください

3 Gewisse Wörter bezeichnen Dinge in verehrender Form und sind für den Gesprächspartner reserviert, z. B. ist お宅 nur das Heim des Gesprächspartners.

30 Als Gast bringt man üblicherweise ein kleines Präsent – おみやげ – mit. Hören Sie die Fortsetzung von **29** und ordnen Sie die Phrasen nach der Reihenfolge im Dialog:

◯ どうぞ。

◯ まあ、すてきですね。

◯ どういたしまして。

◯ たいしたものではありませんけど、おみやげです。

◯ どうもありがとうございます。

E Studieren Sie zuerst folgende Phrasen und finden Sie ein passendes Geschenk. Spielen Sie danach diesen Dialog mit einem Partner.

こちらへどうぞ。
Bitte kommen Sie weiter!

わあ、りっぱ[1]なお宅[2]ですね。
Oh, das ist aber herrlich.

おそれいります。
どうぞ、おかけください。
Danke. Bitte nehmen Sie Platz.

すみません。
Danke.

たいしたものではありません
けど、おみやげ[3]です。どうぞ。
Das ist nur eine Kleinigkeit. Bitte, nehmen Sie!

開けてもいいですか。
Darf ich es öffnen?

はい、どうぞ。
Ja, bitte!

まあ、すてき[4]ですね。
どうもありがとうございます。
Ah, das ist toll! Vielen Dank!

どういたしまして。
Bitte sehr, gern geschehen.

1 herrlich, großartig 2 おたく 3 Mitbringsel, Souvenir 4 prima, reizend

F Lesen Sie den weiteren Verlauf und merken Sie sich die Wörter auf der nächsten Seite.

上村さんはおうせつまに入りました。	Frau Uemura ging in das Wohnzimmer.
上村さんはソファにすわりました。	Frau Uemura setzte sich auf das Sofa.
山田さんにおみやげをあげました。	Sie gab Frau Yamada ein Geschenk.
上村さんはコーヒーをいれました。	Frau Uemura schenkte Kaffee ein.
コーヒーをのみながら、話をしました。	Sie tranken Kaffee und plauderten.

…にすわる sich setzen auf …, sitzen auf …
おみやげ (Gast-)Geschenk
…をあげる … schenken
コーヒー Kaffee

…をいれる … zubereiten (*heißes Getränk*)
…をのむ … trinken
…ながら während … (*statt* ます *am Zeitwort*)
話をする はなし plaudern

31 Merken Sie sich diese Phrasen und hören Sie die Fortsetzung des Gesprächs. Spielen Sie danach einen ähnlichen Dialog mit einem Partner.

コーヒーでもいかがですか。 Wie wäre es mit einer Tasse Kaffee!
それとも、おちゃがよろしいでしょうか。 Oder möchten Sie lieber Tee?
コーヒーをいただきます。 Ich nehme Kaffee.
いただきます。わあ、おいしいですね。 Ich greife zu. Ah, das schmeckt!
コーヒーもう一ぱい入れましょうか。 Darf ich Ihnen noch eine Tasse Kaffee einschenken?
はい、すみません。 Ja, bitte. いいえ、もうけっこうです。 Nein, danke.
ごちそうさまでした。 „Danke für die Bewirtung."
とてもおいしかったです。 Das hat sehr gut geschmeckt.

G Studieren Sie den Stammbaum und schreiben Sie die Wörter zu den deutschen Entsprechungen.

おばあさん (72) ∞ おじいさん (74) おばあさん (69) ∞ おじいさん (72)

おばさん (46) おとうさん (45) ∞ おかあさん (44) おじさん (42)

おねえさん (20) おにいさん (17) たろう (9) おとうと (6) いもうと (3)

Großmutter ______________________ Großvater ______________________

Tante ______________________ Onkel ______________________

Mutter ______________________ Vater ______________________

ältere Schwester ______________________ älterer Bruder ______________________

jüngere Schwester ______________________ jüngerer Bruder ______________________

H Üben Sie diese Kanji.

母 母 母 母 母 母 ***HAHA*** – MEINE MUTTER, *O-**KAA**-SAN* – MUTTER	弟 弟 弟 弟 弟 弟 ***OTOUTO*** – MEIN JÜNGERER BRUDER ***OTOUTO**-SAN* – JÜNGERER BRUDER
父 父 父 父 父 父 ***CHICHI*** – MEIN VATER *O-**TOU**-SAN* – VATER	私 私 私 私 私 私 ***WATASHI*** – ICH KORN MACHT MUSKELPROTZ
姉 姉 姉 姉 姉 姉 ***ANE*** – MEINE ÄLTERE SCHWESTER *O-**NEE**SAN* – ÄLTERE SCHWESTER	女 女 女 女 女 女 **JO**, ***ONNA*** – FRAU
兄 兄 兄 兄 兄 兄 ***ANI*** – MEIN ÄLTERER BRUDER *O-**NII**-SAN* – ÄLTERER BRUDER	男 男 男 男 男 男 **DAN**, ***OTOKO*** – MANN IM REISFELD KRAFT
妹 妹 妹 妹 妹 妹 ***IMOUTO*** – MEINE JÜNGERE SCHWESTER ***IMOUTO**-SAN* – JÜNGERE SCHWESTER	性 性 性 性 性 性 **SEI** – GESCHLECHT AUS HERZ GEBOREN

I Beurteilen Sie die Aussagen zu Ueda Tarous Stammbaum und stellen Sie sie gegebenenfalls richtig.

1 上田たろうさんは９才で、兄弟が４人います。
2 お姉さんは２０才で、お兄さんは１７才です。
3 弟さんは６才で、妹さんは３才です。
4 お母さんは４５才で、お父さんも４５才です。
5 お母さんのお父さんは７２才で、お母さんは６９才です。
6 お父さんのお父さんは７２才で、お母さんは７４才です。

K Beantworten Sie diese Fragen.

あなたは何才ですか。　私は＿＿＿＿＿＿＿＿＿＿＿＿＿＿。

お母さんは何才ですか。　母は＿＿＿＿＿＿＿＿＿＿＿＿＿＿。

お父さんは何才ですか。　父は＿＿＿＿＿＿＿＿＿＿＿＿＿＿。

兄弟はいますか。　はい、＿＿＿＿＿。／　＿＿＿、いません。

Bezeichnungen für Familienmitglieder

Die japanische Gesellschaft war – aufgrund des konfuzianischen Einflusses – streng hierarchisch gegliedert. Das Alter war das wichtigste Ordnungskriterium. So übertrugen sich alle Rechte und Pflichten vom Vater auf den erstgeborenen Sohn, auch das Erbe fiel ihm allein zu.

Es gibt Wörter für ältere und jüngere Geschwister. Weiters verwendet man ehrende Bezeichnungen für Familienmitglieder anderer und als Anrede für ältere Mitglieder der eigenen Familie:

おかあさんはお元気ですか。 ― はい、ははは元気です。
おとうさんは何才ですか。 ― ちちは４２才です。

Hier die Aufstellung der wichtigsten Familienmitglieder:

おとうさん ― ちち	おにいさん ― あに	おとうとさん ― おとうと
おかあさん ― はは	おねえさん ― あね	いもうとさん ― いもうと

Merken Sie sich: おじいさん ― そふ Großvater おばあさん ― そぼ Großmutter

32 Merken Sie sich diese Phrasen und hören Sie den Dialog.

そろそろしつれいします。 Ich werde mich jetzt verabschieden.
まだいいじゃありませんか。 Müssen Sie wirklich schon gehen?
きょうはとてもたのしかったです。 Heute war es sehr nett.
またいらしてください。 Bitte kommen Sie wieder einmal!
またぜひどうぞ。さようなら。 Bitte kommen Sie wieder. Auf Wiedersehen!
さようなら bedeutet, dass man sich längere Zeit nicht sieht.
sonst: じゃあまた。Auf bald! *oder:* また + Zeitpunkt, z. B.: また金曜日に。 また来週。
気をつけておかえりください。 Bitte gehen/fahren Sie vorsichtig nach Hause!

L Spielen Sie diesen Dialog mit einem Partner.

あ、もうこんな時間。
そろそろしつれいします。
Oh, es ist spät geworden. Ich gehe jetzt.

まだいいじゃありませんか。
Müssen Sie wirklich schon gehen?

今日はとてもたのしかったです。
どうもありがとうございました。
Es war sehr nett heute. Vielen Dank!

いいえ、こちらこそ。
またいらしてください。
Bitte gerne. Kommen Sie bald wieder.

はい。じゃあ、しつれいします。
さようなら。
Gerne! Also, ich gehe. Auf Wiedersehen!

気をつけておかえりください。
Bitte gehen/fahren Sie vorsichtig nach Hause!

M Spielen Sie dieses Spiel in der Gruppe. Die Spieler werfen abwechselnd eine Münze. Kopf bedeutet, dass ein Feld übersprungen werden kann. Wenn die Antwort nicht richtig ist, muss der Spieler eine Runde pausieren. Sieger ist, wer als erster die Familienmitglieder unten männlich und weiblich ordnet.

あなたはどこに
住んでいますか。

あなたは一人で
住んでいますか。

Was passt hier nicht dazu?

アパート　いっこだて
ビール　マンション
こうそうビル　ビル

日本の家に
住みたいですか。

Beantworten Sie die Frage:

お元気ですか。

____

Was sagt der Gastgeber nicht?

おじゃまします。
いらっしゃいませ。
どうぞお上がりください。

Wenn man jemanden nach längerer Zeit wiedersieht, sagt man:

____

Ergänzen Sie die Zeitwörter.

ソファに____________
おみやげを____________
話を____________

Ordnen Sie diese Satzteile.

ありますか。　どこに
すみません　トイレは

Lesen Sie diese Kanji laut.

左　中　外　右
上　前　後ろ　下

Antworten Sie entsprechend.

コーヒーでもいかがですか。それとも、おちゃがよろしいでしょうか。

Bilden Sie die Bindeformen.

ぬぐ　はく　入る
上がる　ならす　言う

Finden Sie die richtige Abfolge.

ドアを開けました。
くつをぬぎました。
げんかんに入りました。

Sie haben ein Geschenk mitgebracht. Was sagen Sie, wenn Sie es dem Gastgeber überreichen?

Vervollständigen Sie den Satz.

トイレは__________の
__________にあります。

Was ist an der Frage falsch?

山田さんは今どこに
ありますか。

Ergänzen Sie die Partikeln.

山田さん____ドイツ____
住んでいます。

Welches Wort passt nicht?

キッチン　しょさい
わふく　せんめんじょ
リビング　しんしつ

母　父　男　おばあさん　姉　兄　妹　女　おじいさん　弟

13 道を教えてください Michi o oshiete kudasai

A Studieren Sie diese Phrasen.

通りをまっすぐ行く
とおり

die Straße geradeaus gehen

右に曲がる
みぎにまがる

nach rechts abbiegen

次の角を左に曲がる
つぎのかどをひだりにまがる

nach links abbiegen

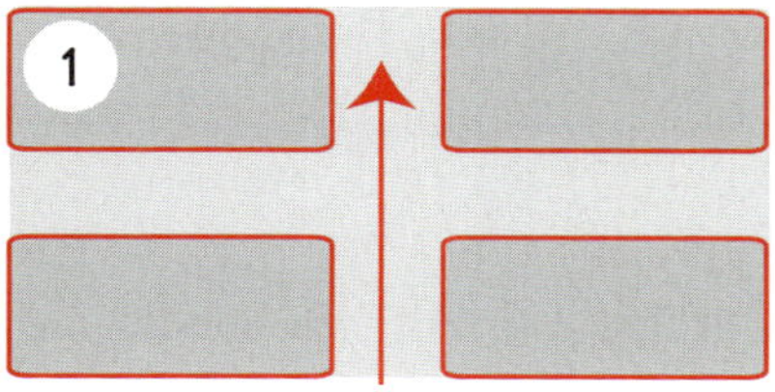

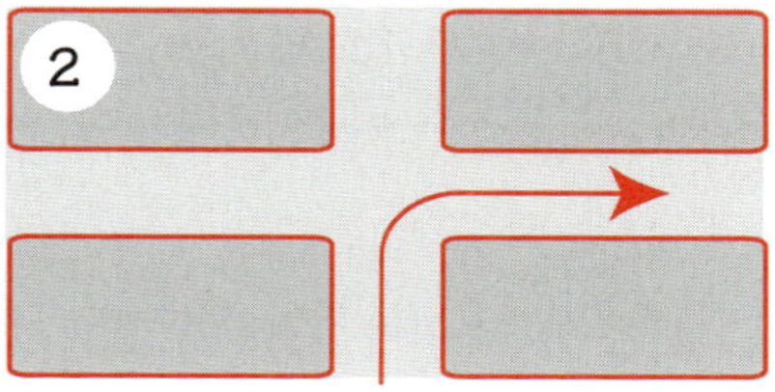

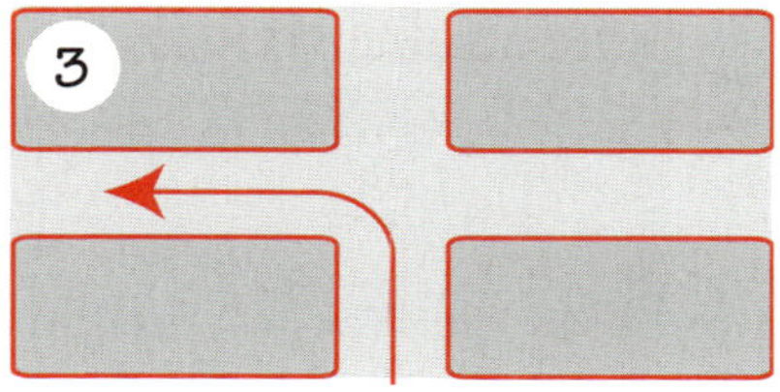

次の信号を左に曲がる
つぎのしんごうをひだりにまがる

bei der nächsten Ampel nach links abbiegen

二つ目の信号を左に曲がる
ふたつめのしんごうをひだりにまがる

bei der übernächsten Ampel nach links abbiegen

交差点を渡って、二つ目の角を右に曲がる
こうさてんをわたって、…

die Kreuzung überqueren, an der übernächsten Ecke nach rechts

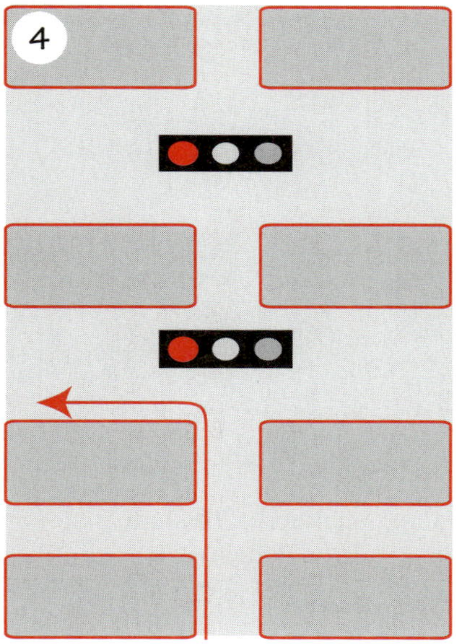

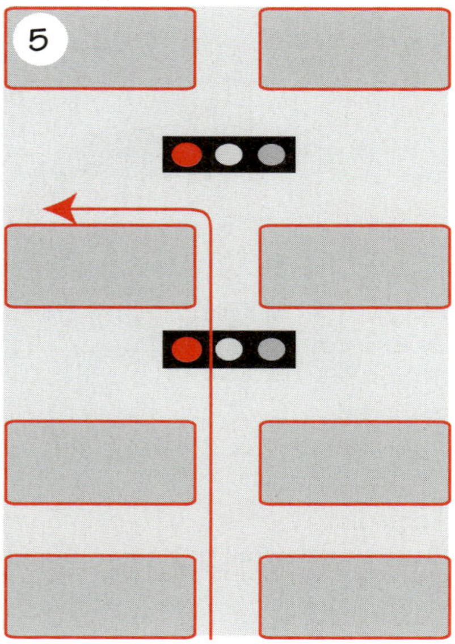

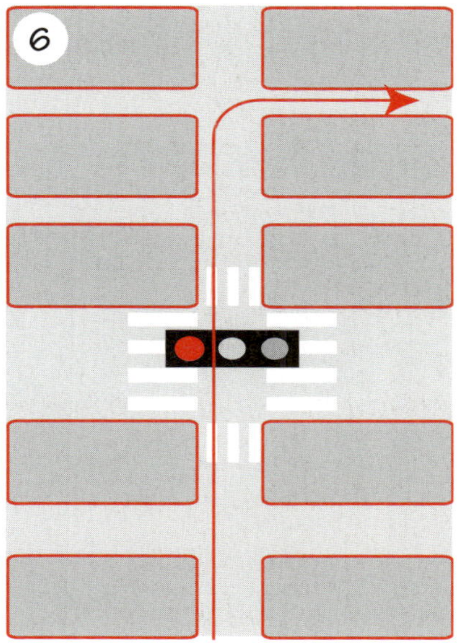

Japanische Zahlwörter

Es gibt es häufig mehrere Varianten eines Begriffs, einmal die ursprünglich japanische, und dann noch die aus dem Chinesischen importierte. Ein Beispiel dafür sind die Zahlwörter von 1 bis 10, bei denen noch ursprünglich japanische Varianten existieren.

1 一つ　ひとつ	4 四つ　よっつ	7 七つ　ななつ
2 二つ　ふたつ	5 五つ　いつつ	8 八つ　やっつ
3 三つ　みっつ	6 六つ　むっつ	9 九つ　ここのつ
		10 十　とお

Ordnungszahlen bildet man mit め, z. B. 一つ目　ひとつめ

33 Hören Sie die Wegbeschreibungen. Tragen Sie die Orte in der Reihenfolge 1–6 ein, wie sie in den Gesprächen vorkommen.

○ スーパー[1]

○ 本屋[2]

○ パチンコ屋[3]

○ コンビニ[4]

○ パークホテル[5]

○ 交番[6]

1 Supermarkt　2 ほんや Buchladen　3 …や *Pachinko*-Halle (beliebtes Automatenspiel)
4 *Convenience Store* (Laden, der 24 Stunden offen hat)　5 Park Hotel　6 こうばん Polizei-Wachstube

B Stellen Sie die richtige Reihenfolge dieser Gespräche wieder her.

○ あ、あそこを右に曲がって、すぐですよ。
○ スーパーですね。
○ すみません、このへんに[1]スーパーはありますか。
○ はい、どうもありがとうございました。

1 hier (in der Nähe)

1 すみません、プリンスホテルはどこ[2]ですか。
五分ほど[3]です。
プリンスホテルですか。
どうもありがとうございました。
この通りをまっすぐ行ってください。
わかりました。[4]

2 wo (Substantiv!)
3 knapp fünf Minuten
4 verstanden

C Üben Sie diese Kanji.

通 通 通 通 通 通
TSUU – VERKEHR, ***TOO*** *RI* – STRASSE
MAUS AUF ZAUN IN BEWEGUNG

曲 曲 曲 曲 曲 曲
MA GARU – ABBIEGEN
STRASSENGEWIRR

次 次 次 次 次 次
TSUGI – NÄCHST(ER)

角 角 角 角 角 角
KADO – ECKE

信 信 信 信 信 信
SHIN – NACHRICHT
INDIVIDUUM SAGT

号 号 号 号 号 号
GOU – NUMMER
ECKIGE NULL AUF FÜNF

交 交 交 交 交 交
KOU – KREUZUNG, VERKEHR
SECHS KREUZUNGEN

差 差 差 差 差 差
SA – UNTERSCHIED
SCHAF AUF E

点 点 点 点 点 点
TEN – PUNKT

渡 渡 渡 渡 渡 渡
WATA *RU* – ÜBERQUEREN
TROPFEN UND MAL

側 側 側 側 側 側
KAWA – SEITE
INDIVIDUUM, MUSCHEL RITTERLICH

屋 屋 屋 屋 屋 屋
YA – LADEN
UNTER TÜR EIN MUSKELPROTZ AUF ERDE

番 番 番 番 番 番
BAN – WACHE, REIHENFOLGE
WÄCHTER AUF BAUM BEWACHT REISFELD

STADT
丁 丁 丁 丁 丁 丁
CHOU UNTERBEZIRK
ORTSTAFEL

歩 歩 歩 歩 歩 歩
ARU *KU* – GEHEN
BLEIB WENIG STEHEN

D Studieren Sie diesen Planausschnitt und finden Sie die Adresse 1 − 8 − 3.

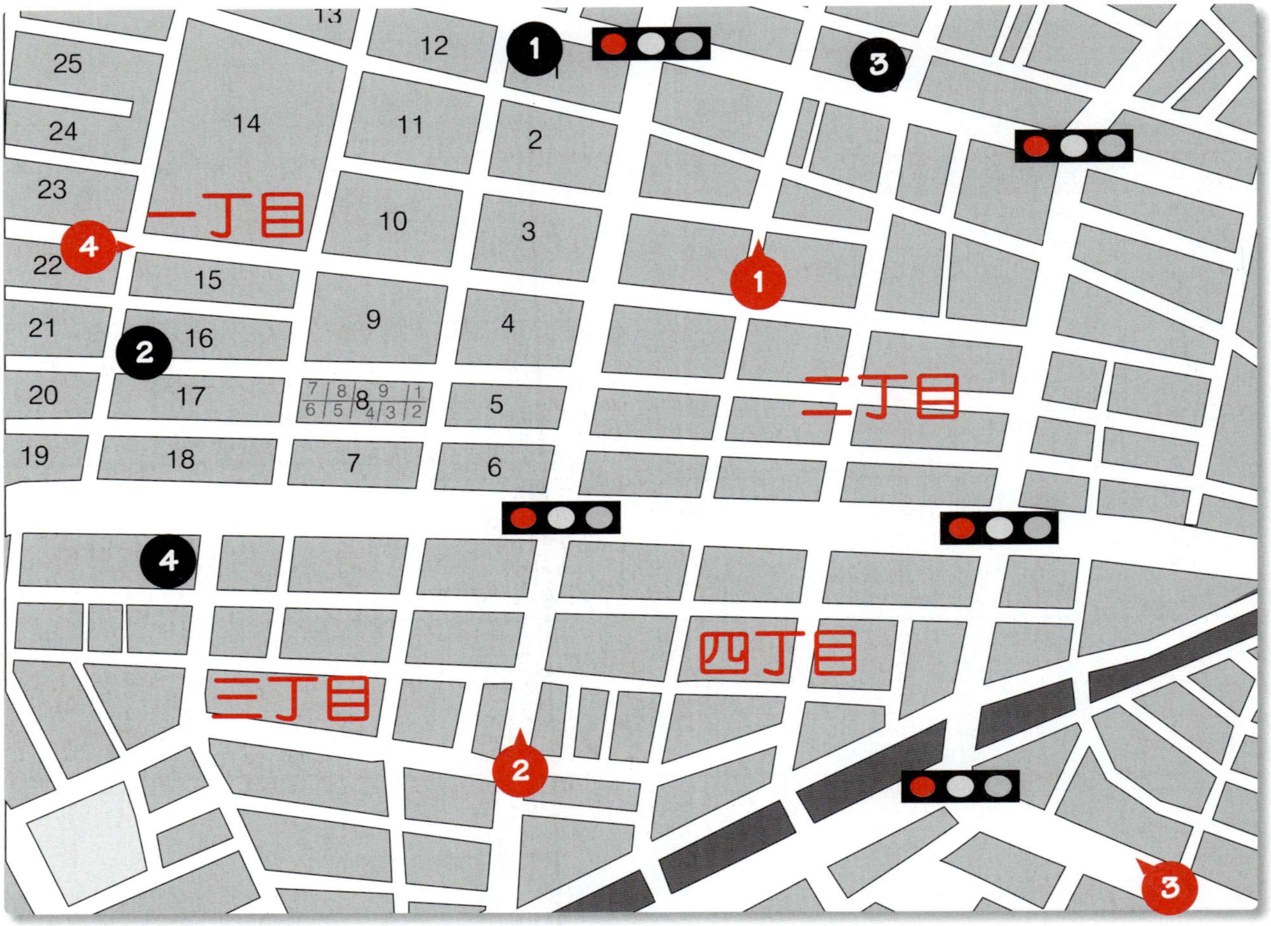

E Lesen Sie diese Wegbeschreibungen und zeichnen Sie den Weg auf dem Plan oben ein. Ausgangspunkt sind die roten Nummern in Pfeilrichtung.

1. 次の角を左に曲がって、まっすぐ行ってください。
三つ目の角の右側にあります。

2. 信号を右に曲がって、まっすぐ行ってください。次の信号を
左に曲がって、まっすぐ行くと四つ目の角の左側にあります。

3. 二つ目の信号を左に曲がって、まっすぐ行ってください。
次の信号を渡って、一つ目の角を右に曲がってください。
すぐ左側にあります。

4. まっすぐ行って、六つ目の角を右に曲がってください。
次の次の角を左に曲がると、左側にあります。

F Finden Sie einen Partner. Verteilen Sie die Rollen mit einer Münze. Kopf ist A, Zahl ist B. A fragt nach dem Weg, B beschreibt den Weg. Ausgangspunkt ist die rote Zahl, Ziel ist die gleiche schwarze Zahl.

1 ぎんこう	Bank	**3** デパート	Großkaufhaus
2 ゆうびんきょく	Postamt	**4** 交番	Polizei-Wachstube

G Setzen Sie die Satzteile richtig zusammen und schreiben Sie den richtigen Satz in die Zeile darunter.

1 ありますか。　すみません、　タワーホテルは　どこに

すみません、タワーホテルはどこにありますか。

2 ありますか。　本屋は　このへんに　すみません、

3 どこに　すみません、　交番は　ありますか。

4 ぎんこうは　すみません、　ありますか。　どこに

5 ありますか。　このへんに　すみません、　スーパーは

6 コンビニは　どこに　すみません、　ありますか。

> Japanische Städte sind so groß und komplex, dass meist auch Einheimische nur einen kleinen Teil ihrer Stadt kennen. Aufgrund des Platzmangels sind auch die Straßen in den Wohngebieten unübersichtlich, und man kann leicht die Orientierung verlieren.
>
> Adressen folgen dem Prinzip *von der größten Einheit zur kleinsten*: Stadt – Bezirk (*-ku*) – Bezirksteil – *choume* (nummerierter Abschnitt innerhalb eines Bezirkteils) – weitere nummerierte Unterteilungen, z. B. *Toukyou-to, Chiyoda-ku, Kasumigaseki 1—14—1.*
>
> Mit Ausnahme größerer Straßen gibt es keine Straßennamen. Es wäre in einer Stadt wie Tokyo auch völlig impraktikabel, denn wer könnte sich schon so viele Straßennamen merken! JapanerInnen wenden sich meist an die nächstgelegene Wachstube, um die genaue Lage einer Adresse zu erfragen. Dies ist völlig normal, und die Polizisten kennen die Umgebung sehr gut und sind auch mit entsprechenden Plänen ausgestattet.

Satzgefüge

1 Die zeitlose Form auf -u ergibt mit と Nebensätze, die man meist mit „wenn" übersetzt.

まっすぐ行くと、右側にあります。 *Wenn du geradeaus gehst, ist es auf der rechten Seite.*

右に曲がると、左側にあります。 *Wenn du rechts abbiegst, ist es auf der linken Seite.*

2 Die Bindeform drückt an sich keine Zeit aus. Diese wird durch das letzte Verb bestimmt:

歩いて15分かかります。 *Zu Fuß brauchen Sie 15 Minuten.*

歩いて15分かかりました。 *Zu Fuß brauchte ich 15 Minuten.*

3 Die Bindeform bildet auch häufig verwendete Phrasen:

歩いて行きました。 *Ich bin zu **Fuß** gegangen.*

連れて行きましょう。 *Gehen wir **gemeinsam**.*

京都に行ってきました。 *„Ich fuhr nach Kyoto und kam zurück." → Ich war in Kyoto.*

4 Die Bindeform bildet mit ください höfliche Aufforderungen:

よく聞いてください。 *Hör bitte gut zu.*

まっすぐ行ってください。 *Gehen Sie geradeaus.*

5 Die Bindeform bildet mit もいいですか höfliche Bitten:

ちょっと聞いてもいいですか。 *Darf ich etwas fragen?*

テレビを見てもいいですか。 *Darf ich fernsehen?*

歩いて	歩いて	行って	聞いて
して	連れて	曲がって	渡って

H Füllen Sie die Lücken mit diesen Wörtern.

1 バスで来ましたか。 ー いいえ、________来ました。

2 A: 信号を右に________、まっすぐ________ください。

B: ________何分かかりますか。

A: そうですね。だいたい15分ぐらいですね。

3 すみません、交番はどこにありますか。

交差点を________、三つ目の角です。右側にあります。

4 えいがを見に行きませんか。 ー ええ、________行ってください。

5 アンケートを________いるんです。ちょっと________もいいですか。

14 交通機関 Koutsuu-kikan

A Merken Sie sich die Verkehrsmittel und ihre Eigenschaften.

べんり	はやい	おそい	高い	安い	こんでいます
praktisch	schnell	langsam	teuer	billig	überfüllt

B Sprechen Sie mit einem Partner über die Eigenschaften der Verkehrsmittel.

ちかてつをどうおもいすか。
Was hältst du von der U-Bahn?

べんりですが、時々こんでいますね。
Sie ist praktisch, aber manchmal überfüllt.

よく乗ります*か。
Fährst du oft damit?

* 乗ります　のります

ええ、よく乗ります。
いいえ、あまり / ぜんぜん乗りません。
Ja, oft. — Nein, nicht oft. / überhaupt nicht.

C Studieren Sie diese Wörter.

バスで　mit dem Bus
会社へ　かいしゃ　in die Firma
30分ぐらいかかります
Ich brauche ca. 30 Minuten
学校へ　がっこう　in die Schule
歩いて　あるいて　zu Fuß
15分ほど　ungefähr 15 Minuten
大学　だいがく　Universität

ふつうは　normalerweise
自転車で　じてんしゃ　mit dem Fahrrad
一時間ちょっと　etwas über eine Stunde
自動車　じどうしゃ　PKW
一番はやい　いちばん　am schnellsten
20分しかかかりません　... nur 20 Minuten
…に乗る　のる　fahren mit ...

D Üben Sie diese Kanji.

出 出 出 出 出 出
DERU – VERLASSEN
BERG AUF BERG

自 自 自 自 自 自
JI – SELBST
STRICH AUF AUGE

乗 乗 乗 乗 乗 乗
NORU – EINSTEIGEN, FAHREN
AUF HOLZPFERD

車 車 車 車 車 車
SHA, *KURUMA* – RAD, WAGEN
ZWEI RÄDER, TRAGFLÄCHE UND ACHSE

会 会 会 会 会 会
KAI – GESELLSCHAFT, ***AU*** – TREFFEN
UNTER GIEBEL ZWEI MUSKELPROTZE

転 転 転 転 転 転
TEN – KURBELN
WAGEN UND ZWEI MUSKELPROTZE

社 社 社 社 社 社
SHA – VERSAMMLUNG, SHINTOSCHREIN
NELKEN UND ERDE

動 動 動 動 動 動
DOU – BEWEGEN
SCHWER – KRAFT

学 学 学 学 学 学
GAKU – LERNEN
SCHULDACH AM KIND

電 電 電 電 電 電
DEN – ELEKTRIZITÄT
REGEN AUF REISFELD MIT KABEL

校 校 校 校 校 校
KOU – SCHULE
BAUM UND SECHS KREUZUNGEN

間 間 間 間 間 間
KAN – RAUM
TOR MIT SONNE

34 Hören Sie die Gespräche und füllen Sie die richtigen Antworten ein.

まついさんは＿＿＿＿＿で会社へ行きます。　＿＿分ぐらいかかります。

上田さんは＿＿＿＿＿＿＿学校へ行きます。　＿＿分ほどかかります。

山本さんは＿＿＿＿＿＿で大学へ行きます。　＿＿分で行けます。

木村さんは＿＿＿＿＿でしごとに行きます。＿＿間ちょっとかかります。

もし＿＿＿＿＿＿で行ったら、＿＿間ぐらいかかります。

大川さんは＿＿＿＿＿でしごとに行きます。＿＿分しかかかりません。

E Ordnen Sie diese Aussprachen den roten Zeichen zu.

いえ　いきます　げつようび　にねんせい
じてんしゃ　じどうしゃ　だいがく　でます
でんしゃ　はたち　はちじ　にじゅっぷん

はやせさんは２０才で、大学二年生です。
月曜日のあさは８時１５分に家を出ます。
ふつうは電車で行きますが、　きょうは
いいてんきですから、バイク[1]で行きます。
大学まで２０分しかかかりません。
自転車や自動車より[2]ずっとはやい[3]です。

1 Motorrad　2 als mit dem …　3 viel schneller

F Lesen Sie zuerst die Aussagen und studieren Sie die Kanji. Dann verbinden Sie sie mit den Uhrzeiten.

のださんはちばに住んでいますが、東京の会社につとめています。
Frau Noda wohnt zwar in Chiba, arbeitet aber bei einer Firma in Toukyou.

7時25分 に	家を出ます。
7時40分 に → ちば駅に着きます。	会社に着きます。
7時45分 に	しごとを始めます。
8時35分 に	ちば駅に着きます。
8時45分 に	電車に乗ります。
8時55分 に	電車を降ります。

…を出る　でる　… verlassen
…に着く　つく　ankommen in …
…を始める　はじめる　…beginnen
…に乗る　乗る　fahren mit …
…を降りる　おりる　aussteigen aus …

着　着 着 着　着
CHAKU, *TSUKU* – ANKOMMEN
KIRU – ANZIEHEN, TRAGEN

始　始 始 始　始
HAJIMERU – ANFANGEN
FRAU, MUSKELPROTZ MIT MUND

駅　駅 駅 駅　駅
EKI – BAHNHOF
PFERD VOR HALTESIGNAL

降　降 降 降　降
ORIRU – AUSSTEIGEN
FURU – (NIEDERSCHLAG) FÄLLT
DORF, LEHRER AUF SPERRE

G Machen Sie eine Umfrage in der Gruppe.

ちょっと聞いてもいいですか。
あさ何時に家を出ますか。
学校•大学•しごとには何で行きますか。
どのぐらいかかりますか。
どうもありがとうございました。

H Üben Sie diese Kanji.

服 服 服 服 服 服
FUKU – <u>KLEIDUNG</u>
MOND, KLEIDERHAKEN MIT NUSSKNACKER

緒 緒 緒 緒 緒 緒
SHO – <u>GEMEINSAM</u>
FADEN UND PERSON

西 西 西 西 西 西
NISHI – <u>WESTEN</u>
LETZTE SONNENSTRAHLEN IM MEER

買 買 買 買 買 買
KAU – <u>KAUFEN</u>
VIER MUSCHELN

南 南 南 南 南 南
MINAMI – <u>SÜDEN</u>
KREUZ AUF DOSE MIT FAST-SCHAF

物 物 物 物 物 物
MONO – <u>DING</u>
KUH UND VIERBEINER

改 改 改 改 改 改
KAI – <u>REFORM</u>
EGO UND LEHRER

洋 洋 洋 洋 洋 洋
YOU – <u>OZEAN</u>
WASSERTROPFEN MIT SCHAF

札 札 札 札 札 札
SATSU – <u>SCHEIN</u>, <u>ZETTEL</u>
BAUM MIT L

35 Lesen Sie diese Sätze und merken Sie sich die Wörter auf der nächsten Seite. Hören Sie sich dann das Telefongespräch an und haken Sie die Sätze ab, die darin vorkommen.

- [x] あした一緒に買い物に行きませんか。
- [ ] あした一緒に買い物に行きましょうか。

- [ ] 今セールですから、いい洋服を買いたいんですけど。
- [ ] 今セールですから、セーターを買いたいんですけど。

- [ ] いいですね。わたしもセーターがほしかったんです。
- [ ] いいですね。わたしもセーターが好きなんです。

- [ ] 何時に会いましょうか。
- [ ] いつ会いましょうか。

- [ ] １１時はどうですか。まだ人が少ないから。
- [ ] １０時はどうですか。まだ人がいないから。

- [ ] わかりました。じゃ、いつものように、西口の改札で。
- [ ] わかりました。じゃ、いつものように、南口の改札で。

あした　morgen

一緒に　いっしょに　gemeinsam

買い物に行く　かいもの　einkaufen gehen

セール　Abverkauf

いいですね　Das ist eine gute Idee.

洋服　ようふく　Kleidung im westlichen Stil

…を買う　かう　kaufen

セーター　Wollpullover

わたしも　ich auch
も verdrängt は, が oder を

セーターがほしい　ich möchte einen Pullover

何時に　なんじ　um wie viel Uhr

いつ　wann

まだ　noch

人が少ない　ひとがすくない　es sind wenig Leute (unterwegs)

まだ人がいない　es sind noch keine (=wenig) Leute (unterwegs)

いつも　immer

…のように　wie …
いつものように　wie immer

西口　にしぐち　Westausgang

南口　みなみぐち　Südausgang

改札　かいさつ　Sperre, an der die Fahrkarten beim Betreten entwertet und beim Verlassen vom Automaten geschluckt werden (Ausnahme: Streckenkarten oder Wertkarten, von denen der Fahrpreis abgebucht wird.)

I Finden Sie einen Partner und verteilen Sie die Rollen durch Werfen einer Münze. Kopf ist A, Zahl ist B. Partner A befolgt die Anweisungen in Aufgabe **K**, B studiert diesen U-Bahn-Plan samt Ortsnamen und gibt dann Auskunft über den Fahrpreis ab Asakusa, wie er am Plan erscheint.

池袋
いけぶくろ

上野
うえの

新宿
しんじゅく

東京
とうきょう

渋谷
しぶや

銀座
ぎんざ

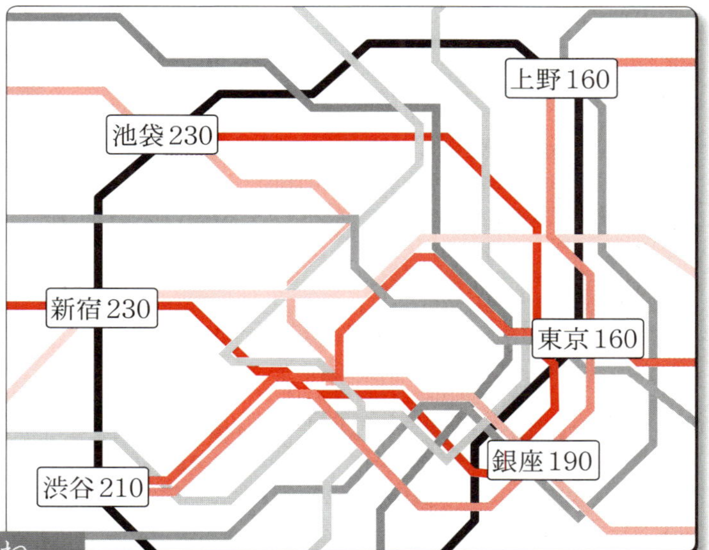

うえのですね。
Nach Ueno, nicht wahr.

ええと、うえのまでは１６０円です。
Also bis Ueno… Das macht 160 Yen.

K Partner A. Sie befinden sich in der U-Bahn-Station von Asakusa, können aber die Ortsnamen auf dem Plan nicht lesen. Fragen Sie Partner A nach dem Preis. Notieren Sie die Auskünfte neben den Orten. Benutzen Sie die Wendungen darunter.

いけぶくろ ______円

上の ______円

ぎんざ ______円

しぶや ______円

しんじゅく ______円

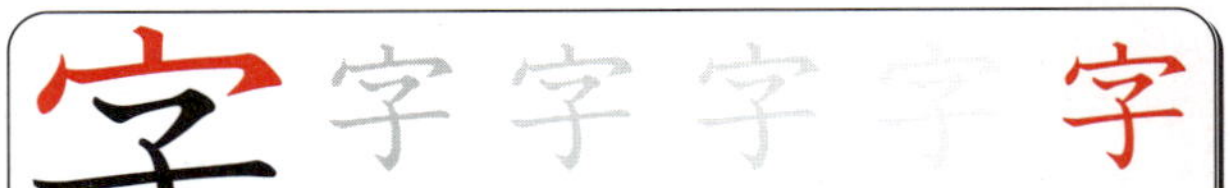

JI – SCHRIFTZEICHEN
DACH AUF KIND

すみません、ちょっと字が読めません。
Entschuldigung. Ich kann leider die Zeichen nicht lesen.

上の**までの**きっぷ**は**いくらですか。
Wie viel kostet eine Fahrkarte bis Ueno?

わかりました。どうもありがとうございました。
Verstanden. Vielen Dank.

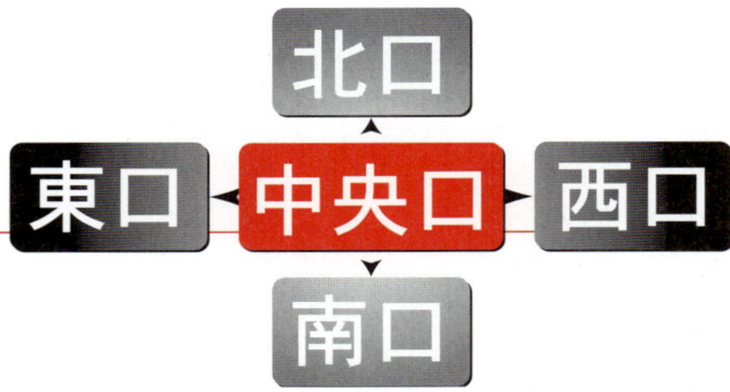

Japanische Großstädte haben ein dichtes Netz an öffentlichen Verkehrsmitteln, die schnell und zuverlässig verkehren. Da es jedoch keinen Verkehrsverbund gibt und die verschiedenen Verkehrsmittel unterschiedliche, meist private, Betreiber haben, muss man z. B. beim Umsteigen von Bus auf Bahn oder U-Bahn erneut den vollen Fahrpreis bezahlen.

Darüber hinaus wird der Fahrpreis nach Streckenlänge berechnet. Dafür muss man zuerst auf dem Plan das Fahrziel und den jeweiligen Preis finden, danach beim Fahrkartenautomaten den entsprechende Fahrpreis wählen.

Eine andere Möglichkeit besteht darin, die billigste Fahrkarte zu wählen und vor der Sperre beim Ausgang die Karte in den Verrechnungsautomaten zu stecken. Dieser zeigt dann den fehlenden Restbetrag, den man dort bezahlt und damit eine neue Fahrkarte bekommt. Mit dieser kann man die Sperre problemlos durchschreiten.

Große Bahnhöfe haben eine Vielzahl von Ein- und Ausgängen, die meist nach Himmelsrichtungen oder nahen Orten benannt sind. Es ist wichtig, sich vorher nach dem richtigen Ausgang zu erkundigen, denn die meisten Bahnhöfe sind sehr weitläufig. Man spart damit viel Zeit und Mühe.

L Merken Sie sich diese Phrasen und Wörter.

どう行ったら　一番いいでしょうか　Wie fahre ich am besten?

何せんで 行きますか　Mit welcher Linie fährt man?

ひびやせんか ぎんざせんで 行きます　Man fährt mit der Hibiya-Linie oder der Ginza-Linie.

どちらが　ちかいですか　Welche ist näher?

おなじぐらいです　Es ist ziemlich gleich.

一本で 行けますか　Kann man mit einer Linie fahren? (=ohne Umsteigen)

ぎんざで　まるのうちせんに　乗りかえます　In Ginza steigt man in die Maru-no-uchi-Linie um.

36 Studieren Sie diese Skizze und tragen Sie die Wegzeiten ein, während Sie das Gespräch hören.

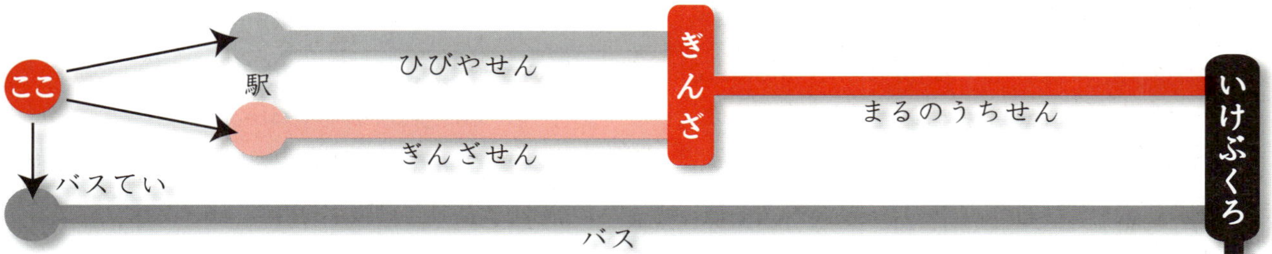

M Hier ist eine weitere Möglichkeit. Studieren Sie die Skizze.

Sprechen Sie über die obigen Möglichkeiten.

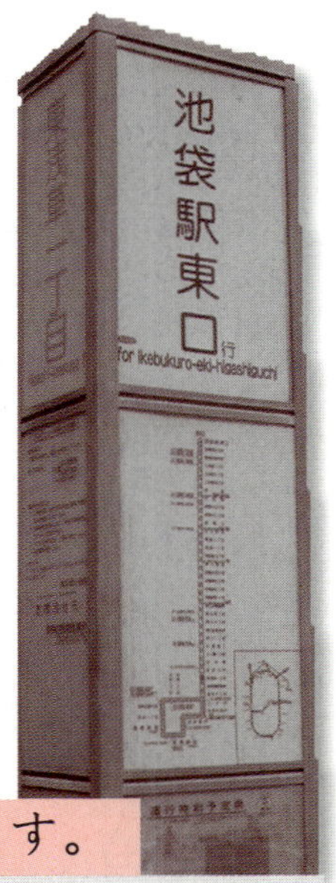

ここから＿＿＿＿＿の駅　まで　＿＿分かかります。
Von hier bis zur Station von ... braucht man ... Minuten.

(ちょっと)　ちかい / とおい　です。
Es ist nah / (ziemlich) weit...

ぎんざで　まるのうちせんに　乗りかえます。
In Ginza steigt man in die Maru-no-uchi-Linie um.

乗りかえはありません。一本で　いけぶくろに行けます。
Man braucht nicht umzusteigen. Man kann mit einer Linie nach Ikebukuro fahren.

＿＿＿＿＿で　いけぶくろまで　＿＿＿＿＿ぐらいかかります。
Mit der .... braucht man bis Ikebukuro ungefähr ......

Bildung der einfachen Vergangenheit

Die einfache Vergangenheit bildet man mit dem gleichen Stamm wie die Bindeform. Statt der Silbe て bzw. で hängt man die Silbe た bzw. だ an:

-e/-i る	る	む	ぶ	ぬ	つ	す	ぐ	く	う
○	っ	ん	ん	ん	っ	し	い	い	っ
た	た	だ	だ	だ	た	た	だ	た	た

Beispiele: 書・く → 書・いた　　話・す → 話・した
読・む → 読・んだ　　見・る → 見・た

Achtung: する → し・た　　くる → き・た　　行く → 行っ・た

Die einfache Vergangenheit kommt oft vor ほうが mit Adjektiv vor:

バスで行った方がいいです。　Es ist besser, mit dem Bus zu fahren.
電車に乗った方がはやいです。　Es ist schneller, mit dem Zug zu fahren.

Durch Anhängen der Silbe ら wird daraus die Möglichkeitsform:

どう行ったらいいでしょうか。　Wie soll ich am besten fahren?
電車で行ったら２時間かかります。　Wenn man mit dem Zug fährt, …

37 Hören Sie diese Durchsagen und ordnen Sie sie den Bildern zu.

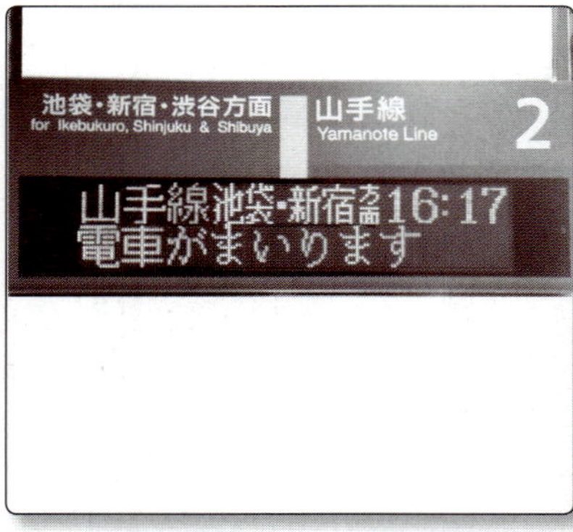

まもなく…番せんに電車がまいります。　In Kürze fährt auf Bahnsteig … ein Zug ein.

あぶないですから、きいろいせんのうちがわにさがってお待ちください。
Da es gefährlich ist, treten Sie bitte hinter die gelbe Linie zurück und warten Sie dort.

…行き発車します。　Der Zug nach … fährt ab.

しまるドアにごちゅういください。　Vorsicht! Türen schließen!

ご乗車ありがとうございます。　Danke, dass sie mit uns fahren.

このバスは　…行きです。　Dieser Bus fährt nach …

やむをえずきゅうブレーキをかけることがありますので、てすりやつりかわにおつかまりください。
Es kann zu Notbremsungen kommen, benutzen Sie daher bitte die Haltegriffe.

15 郵便局と銀行 Yuubin-kyoku to ginkou

A Merken Sie sich diese Wörter und setzen Sie die passenden Wörter ein.

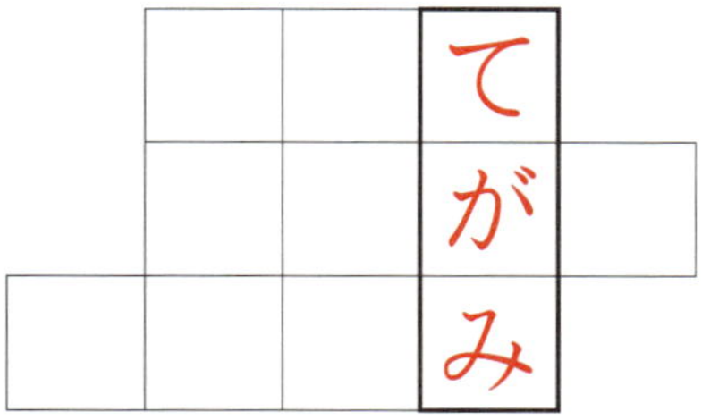

ポスト

てがみ

こづつみ

えはがき

きって

ゆうびんきょく

Kombinieren Sie diese Verben mit den obigen Wörtern zu sinnvollen Aussagen. Beispiel:

ゆうびんきょくに行きました。
… geht auf das Postamt.

…を出す　だす　… aufgeben
…を送る　おくる　… versenden
…をうけとる　… erhalten, empfangen
…を書く　かく　… schreiben
…をはる　… aufkleben
…に行く　いく　… gehen
…に入れる　いれる　… einwerfen

B Üben Sie diese Kanji.

切 — *KIRU* – SCHNEIDEN SIEBEN SCHWERTER	便 — BIN – NACHRICHT INDIVIDUUM MACHT HART
手 — *TE* – HAND WIE TENNISSCHLÄGER	局 — KYOKU – AMT TÜR MIT LOCH-BÜCHSE
紙 — *KAMI* – PAPIER FADEN UND FAMILIE	小 — *KO* – KLEIN MÄNNCHEN LEGT ARME AN
郵 — YUU – POST FAST-HOLZPFERD IM DORF	包 — *TSUTSUMU* – EINPACKEN

38 Hören Sie das Gespräch an der Rezeption des Park Hotels und gehen Sie den Weg nach den Anweisungen. Welches der Symbole zeigt die Lage des Postamts?

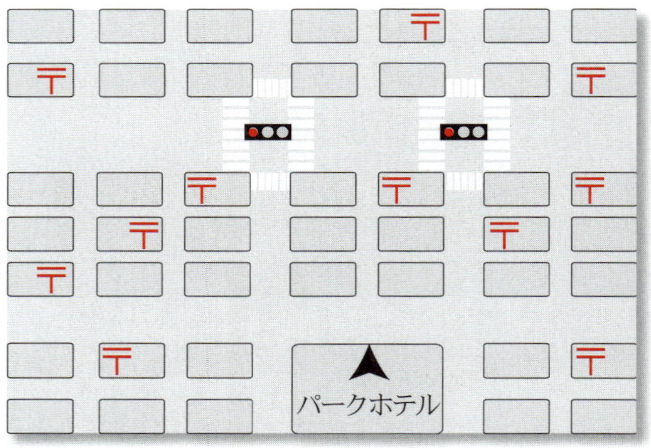

〒 ist das Symbol der japanischen Post.

C Merken Sie sich diese Wörter.

手紙　てがみ　Brief
こうくう便で　per Luftpost
ドイツあて　nach Deutschland
おあずかりします　ich habe … erhalten
…円のおかえしです　und … Yen retour
えはがき　Ansichtskarte
…はいくらですか　Wie viel kostet …
きって　Briefmarke

…まい　… Stück
(*Zähler für flache, dünne Gegenstände*)
ちょうどあります　Ich habe es genau.
小包　こづつみ　Paket
ふなびん　Schiffpost (≠Luftpost)
何日間でつきますか
In wie vielen Tagen kommt es an?
しょるい　Formular
ひつようこうもく　notwendige Punkte

39 Hören Sie dieses Gespräch am Postamt und stellen Sie die richtige Reihenfolge wieder her.

(1) いらっしゃいませ。
( ) この手紙、こうくう便でおねがいします。
( ) じゃ、これで。
( ) ドイツあてです。
( ) ２００円おあずかりします。
( ) はい、１２０円です。
( ) ８０円のおかえしです。どうもありがとうございました。

40 Hören Sie dieses Gespräch am Schalter und ergänzen Sie die Zahlen.

いらっしゃいませ。 → スイスあてのえはがきはいくらですか。
______円です。
はい、もちろん。
はい、______円です。
______円おあずかりします。
______円のおかえしです。
どうもありがとうございました。

こうくう便ですか。
じゃ、______まいください。
じゃ、これで。

D Üben Sie diese Kanji.

航 航 航 航 航 航
KOU – NAVIGATION
SCHIFF MIT DECKEL AM TISCH

枚 枚 枚 枚 枚 枚
MAI – ZÄHLWORT
BAUM UND LEHRER

空 空 空 空 空 空
KUU – HIMMEL
DACH AUF ACHT E

送 送 送 送 送 送
OKURU – VERSENDEN
HÖRNER GROSS IN BEWEGUNG

船 船 船 船 船 船
FUNE – SCHIFF
MIT ACHT ROSTLÖCHERN

料 料 料 料 料 料
RYOU – GEBÜHR
REIS MIT MASS

41 Lesen Sie die Fragen und merken Sie sich die Wörter darunter. Hören Sie dann das Gespräch und beantworten Sie die Fragen.

1 このおきゃくさんは何を出します[2]か。

2 どこあて[3]ですか。

3 航空便で送ります[4]か、船便で送りますか。

4 どのぐらい[5]かかりますか。

1 Kunde 2 だします aufgeben 3 wohin 4 versenden 5 wie lange

E Das Internet macht auch vor dem Postdienst nicht halt. Welche Zeichen und Wörter können Sie auf der Homepage der japanischen Post lesen und verstehen?

F Studieren Sie die Fragen und Antworten und die unbekannten Wörter. Ordnen Sie dann diese Aussagen den richtigen Stellen im Text zu.

- ◯ *Hybrid Mail Service* druckt elektronisch versendete Nachrichten aus und stellt sie als Brief zu.
- ◯ Die Bezahlung erfolgt per Kreditkarte.
- ◯ Das Format der Nachrichten ist immer A 4.
- ◯ Die erste Seite kostet in Schwarz-Weiß 100 Yen, in Farbe 200 Yen. Die zweite Seite ist viel billiger.
- ◯ Dieser Service ist nur innerhalb Japans verfügbar.
- ◯ Software-Anforderungen: Web-Browser sowie Acrobat Reader.

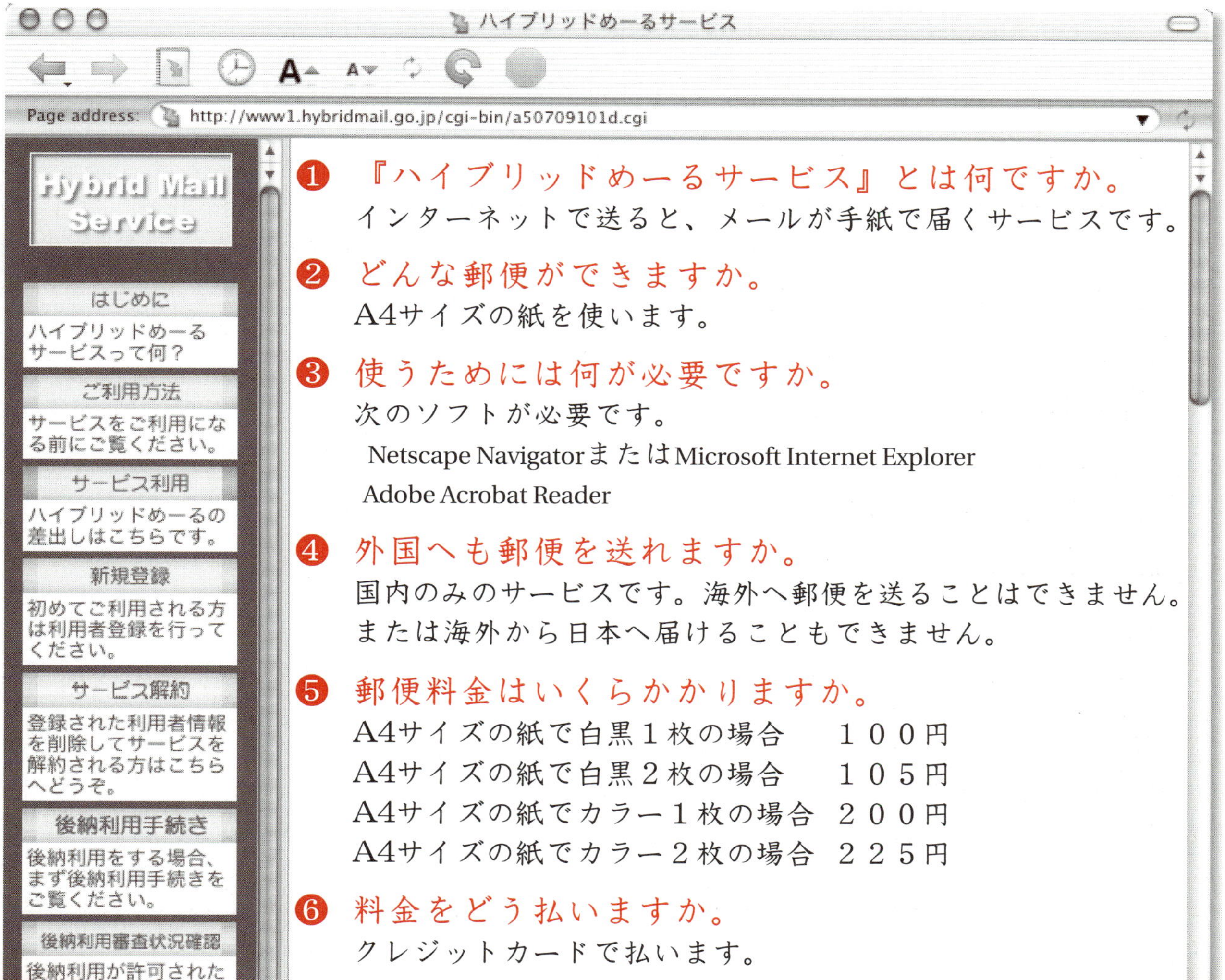

❶ 『ハイブリッドめーるサービス』とは何ですか。
インターネットで送ると、メールが手紙で届くサービスです。

❷ どんな郵便ができますか。
A4サイズの紙を使います。

❸ 使うためには何が必要ですか。
次のソフトが必要です。
Netscape NavigatorまたはMicrosoft Internet Explorer
Adobe Acrobat Reader

❹ 外国へも郵便を送れますか。
国内のみのサービスです。海外へ郵便を送ることはできません。
または海外から日本へ届けることもできません。

❺ 郵便料金はいくらかかりますか。
A4サイズの紙で白黒１枚の場合　１００円
A4サイズの紙で白黒２枚の場合　１０５円
A4サイズの紙でカラー１枚の場合　２００円
A4サイズの紙でカラー２枚の場合　２２５円

❻ 料金をどう払いますか。
クレジットカードで払います。

届く	とどく	zugestellt werden, ankommen	海外	かいがい	Übersee
使う	つかう	verwenden	白黒	しろくろ	Schwarz-Weiß
必要	ひつよう	notwendig	…の場合	ばあい	im Fall, dass …, für …
外国	がいこく	Ausland	料金	りょうきん	Gebühr
国内のみ		nur im Inland	払う	はらう	(be)zahlen

Ausdruck von „können" und „nicht können"

Etwas (nicht) tun können kann auf zwei verschiedene Arten ausgedrückt werden:

1. einfache zeitlose Form + ことができます　(ことはできません):

コンピュータから手紙を送ることができます。
でも、海外へ送ることはできません。

Die Verneinung wird immer **mit dem letzten Verb im Satz** ausgedrückt.

2. Form des Verbs, bei der die Endsilbe auf **-u** durch die Endsilbe auf **-e** ersetzt wird. Daran hängt man die standard-höflichen Endungen ―ます　―ました　―ません:

う	く	ぐ	す	つ	ぬ	ぶ	む	る	~~る~~
え	け	げ	せ	て	ね	べ	め	れ	(ら)れ*

コンピュータから送れます。でも、海外へは送れません。

* Im modernen Sprachgebrauch wird ―られます zunehmend von ―れます verdrängt.

Achtung:　する → できます　　くる → こ(ら)れます

Wird diese Form verwendet, hat das Objekt die Partikel が statt を. Dies ist aber in der Umgangssprache nicht immer der Fall.

G Was kann man auf einem japanischen Postamt tun oder nicht tun? Ergänzen Sie die Verbformen.

日本の郵便局では、

はがきを出せますか。　― はい、＿＿＿＿＿＿＿＿＿＿＿＿。

切手を買うことができますか。― はい、＿＿＿＿＿＿＿＿＿＿＿＿。

手紙でお金を送れますか。　― はい、＿＿＿＿＿＿＿＿＿＿＿＿。

アエログラムを買えますか。　― はい、＿＿＿＿＿＿＿＿＿＿＿＿。

海外へでんわができますか。　― いいえ、＿＿＿＿＿＿＿＿＿＿＿＿。

Im Unterschied zu Europa gab es nie die Möglichkeit, auf einem Postamt Auslandsgespräche zu führen, denn Post- und Telefondienst waren immer getrennte Einheiten. Japanische Telefonanbieter haben immer noch eine insular geprägte Weltsicht, und daher ist es nicht selbstverständlich, immer und überall ins Ausland telefonieren zu können. In den großen Städten gibt es bestimmte, für Überseegespräche eingerichteten Telefonzellen mit speziellen Wertkarten, die man meist in Geschäften oder manchmal auch direkt in der Telefonzelle erstehen kann.

H Üben Sie diese Kanji.

銀 銀 銀 銀 銀 銀
GIN – <u>SILBER</u>
GOLD UND FEST

届 届 届 届 届 届
TODOKU – <u>ANKOMMEN</u>
TÜR MIT GRUND

使 使 使 使 使 使
TSUKAU – <u>BENÜTZEN</u>
INDIVIDUUM MIT GESCHICHTE

必 必 必 必 必 必
HITSU – <u>UNBEDINGT</u>
HERZ MIT NOTE

要 要 要 要 要 要
YOU – <u>NOTWENDIG</u>
WESTLICHE FRAU

内 内 内 内 内 内
NAI – <u>INNEN</u>
BÜCHSE MIT MÄNNCHEN

白 白 白 白 白 白
SHIRO – <u>WEISS</u>
STRAHL AUF SONNE

黒 黒 黒 黒 黒 黒
KURO – <u>SCHWARZ</u>
DORF UND FEUER

場 場 場 場 場 場
BA – <u>ORT</u>
ERDE, SONNE UND EIN VIERBEINER

合 合 合 合 合 合
AU – <u>PASSEN</u>
GIEBEL AUF EINEM LOCH

払 払 払 払 払 払
HARAU – <u>ZAHLEN</u>
HAND UND MUSKELPROTZ

現 現 現 現 現 現
GEN – <u>TATSÄCHLICH</u>
KÖNIG SIEHT

英 英 英 英 英 英
EI – <u>ENGLISCH</u>
GRAS AUF ZENTRUM

説 説 説 説 説 説
SETSU – <u>ERKLÄREN</u>
SAGT GEHÖRNTER BRUDER

明 明 明 明 明 明
MEI – <u>HELL, KLAR</u>
SONNE UND MOND

I Merken Sie sich diese Wörter und Phrasen.

ユーロ　Euro
日本円にかえる　in japanische Yen wechseln
外国かわせ　がいこく　Devisen
こちら　hier
番号をとる　ばんごう　eine Nummer nehmen
あちら　dort drüben
少々お待ちください　Bitte warten Sie kurz.
トラベラーズチェック　Reisescheck

現金　げんきん　Bargeld
現金にかえる　in Bargeld wechseln, einlösen
クレジットカードで　mit der Kreditkarte
現金をおろす　Bargeld abheben
auch: …をひきだす　abheben
キャッシュコーナー　Bargeldautomat
英語の説明　えいごのせつめい
englische Anleitung

K Lesen Sie diese Sätze und ordnen Sie den roten Kanji die richtige Aussprache zu.

銀行でユーロかドルを日本円にかえることができます。
トラベラーズチェックを現金にかえることもできます。
トラベラーズチェックの場合、パスポートが必要です。
クレジットカードで現金をひきだせます。
英語の説明がありますから、使い方がすぐわかります。
クレジットカードはべんりですが、料金がちょっと高いです。

ぎんこう
げんきん
げんきん
せつめい
つかいかた
ばあい
ひつよう
りょうきん

42 Hören Sie die Gespräche und nummerieren Sie die Zahlungsmittel in der richtigen Reihenfolge.

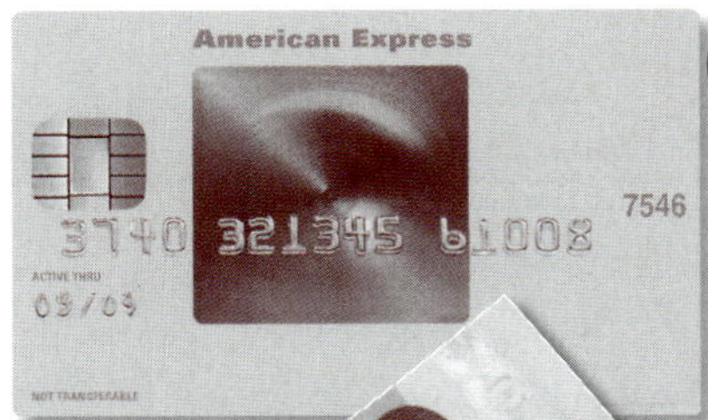

Je nach Größe der Bankfiliale gibt es eine oder mehrere Empfangsdamen, die den KundInnen Auskünfte über die diversen Dienstleistungen geben, um Komplikationen zu vermeiden.

Wenn man nicht am Bargeldautomaten Geld behebt, zieht man eine Nummer, mit der man dann aufgerufen wird. In der Zwischenzeit füllt man die Formulare aus, mit denen die Transaktion dann von einer Angestellten abgewickelt wird. Meist muss man noch einmal warten, bis alle Schritte erledigt sind und man das Geld erhält.

Wie alle Dienstleistungen in Japan, ist auch das Bankwesen vom Gedanken des besten Kundenservices getragen, auch wenn es die Leistungen der Bank wesentlich verteuert.

43 Hören Sie diese Gespräche am Bankschalter und haken Sie die Phrasen ab, die vorkommen.

Gespräch 1

○100ドルを日本円にかえたいんですが。
○200ユーロを日本円にかえたいんですが。
○このようしに必要こうもくをごきにゅうください。
○このしょるいに必要こうもくをお書きください。
○じゃ、あちらでちょっと待ってください。おなまえをよびますから。
○では、あちらで少々お待ちください。おなまえをおよびいたしますので。

44 **Gespräch 2**

○このトラベラーズチェックを現金にかえたいんですが。
○このトラベラーズチェックおねがいします。
○パスポートをどうぞ。
○パスポートをください。
○こちらにもう一度サインをください。
○これにサインしてください。

Hören Sie nochmals die beiden Situationen und tragen Sie die richtigen Zahlen ein.

43 本日のレートは1ユーロ______円で、______ユーロおあずかり、

____________円になります。

44 本日のレートは1ドル______円で、

______ドルおあずかり、

____________円になります。

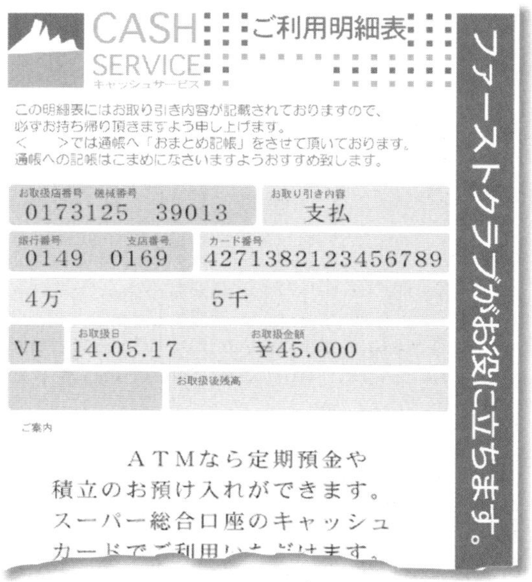
CASH SERVICE キャッシュサービス
ご利用明細表
ファーストクラブがお役に立ちます。

この明細表にはお取り引き内容が記載されておりますので、
必ずお持ち帰り頂きますよう申し上げます。
<　　>では通帳へ「おまとめ記帳」をさせて頂いております。
通帳への記帳はこまめになさいますようおすすめ致します。

お取扱店番号　機械番号	お取り引き内容
0173125　39013	支払

銀行番号　支店番号	カード番号
0149　0169	4271382123456789

4万　5千

	お取扱日	お取扱金額
VI	14.05.17	¥45.000

お取扱後残高

ご案内

ATMなら定期預金や
積立のお預け入れができます。
スーパー総合口座のキャッシュ
カードでご利用いただけます。

45 Hören Sie das Gespräch und studieren Sie den Bankbeleg. Beantworten Sie dann diese Fragen.

ツォラーさんはいつ銀行に行きましたか。
いくらおろしましたか。

16 買いもの Kaimono

A Studieren Sie diese Einkaufslisten und merken Sie sich die Wörter.

はみがき[1]	3本
牛乳[2]	1本
パン	2コ
バター	1箱[3]
レタス	1コ
りんご[4]	2コ
魚[5]	4切れ[6]
豚肉[7]	400グラム

シャンプー	1本
ジュース	2本
たまご[8]	10コ
ハム	6枚
トマト	1袋[9]
みかん[10]	1袋
えび[11]	6本
とり肉[12]	300グラム

せっけん[13]	6コ
コーラ	1本
米[14]	2キロ
チーズ	1パック
キャベツ[15]	1コ
バナナ	1山[16]
ほたて[17]	6つ
牛肉[18]	500グラム

1 Zahnpaste 2 ぎゅうにゅう Milch 3 ひとはこ eine Schachtel 4 Apfel 5 さかな Fisch 6 よんきれ vier Scheiben 7 ぶたにく Schweinefleisch 8 Ei(er) 9 ひとふくろ ein Sack 10 japanische Mandarinen 11 Krabbe(n) 12 Hühnerfleisch 13 Seife 14 こめ Reiskörner 15 Kohl 16 ひとやま „ein Berg“ 17 Kammmuscheln 18 ぎゅうにく Rindfleisch

B Machen Sie eine Liste und tragen Sie die Wörter von oben in die richtigen Kategorien ein.

日用品[1]	飲み物[2]	くだもの[3]	やさい[4]	シーフード[5]	肉[6]	その他[7]
はみがき	ぎゅうにゅう					パン

1 にちようひん Artikel für den täglichen Bedarf 2 のみもの Getränk(e) 3 Obst 4 Gemüse 5 *Seafood* 6 にく Fleisch 7 そのた Sonstiges

46 Merken Sie sich diese Wörter und Phrasen. Hören Sie dann das Gespräch und finden Sie den Einkaufszettel, auf dem die genannten Artikel vorkommen.

これから jetzt
かいものに行きます Ich gehe einkaufen.
何かいりますか Brauchst du etwas?
…がなくなりました … ist aus, alle
…はまだたくさんあります … ist noch viel da
レタスときゅうり grüner Salat und Gurken
何をたべましょうか Was sollen wir essen?
じゃがいも Kartoffel(n)

C Üben Sie diese Kanji.

Kanji	Lesung – Bedeutung	Merkhilfe
豚	*BUTA* – SCHWEIN	MOND UND SCHWEIN
肉	NIKU – FLEISCH	BÜCHSE MIT ZWEI MÄNNCHEN
牛	GYUU – KUH	
乳	NYUU – MILCH	LIEBES-KIND MIT L
魚	*SAKANA* – FISCH	RÜSSEL, RUMPF UND VIER FLOSSEN
米	*KOME* – REISKORN	ZWEI REISKÖRNER AUF BAUM
箱	*HAKO* – SCHACHTEL	BAMBUS AUF HOLZ-AUGE
袋	FUKURO – SACK	GENERATION AUF KLEIDUNG
用	YOU – BENUTZEN	WEIDEZAUN
品	HIN – WARE	DREI SCHACHTELN
食	SHOKU, *TABERU* – ESSEN	UNTER GIEBEL GUT (ESSEN)
飲	*NOMU* – TRINKEN	ESSEN FEHLT
他	TA – ANDERS	INDIVIDUUM MIT SEGELBOOT
店	TEN, *MISE* – GESCHÄFT	SCHEUNE MIT WAHRSAGER

Zählen von Gegenständen

Zum Zählen verwendet man je nach Form der Gegenstände verschiedene Kombinationen von Zahlwörtern mit **Zählern**. Wichtige Zähler sind unter anderem:

- コ für runde oder schwer definierbare Gegenstände, z. B. Apfel (auch 個 geschrieben)
- 本 für längliche, runde Gegenstände, z. B. Banane, Flasche, Bleistift etc.
- 枚 für flache, dünne Gegenstände, z. B. Brotscheibe, Papier, CD etc.

Dabei ist zu beachten, dass zwei stimmlose Laute oft verschmelzen:

一コ ikko	六コ rokko	八コ hakko, hachiko	十コ jukko, jikko
一本 ippon	六本 roppon	八本 happon, hachihon	十本 juppon, jippon

weitere Verschmelzung: 三本 sanbon

Für schwer definierbare Formen verwendet man oft von 1–9 statt **コ** die japanischen Zähler:

一つ（ひとつ）　二つ（ふたつ）　三つ（みっつ）　etc.　→　siehe Wegbeschreibung

Daneben verwendet man auch alte japanische **Zähler** (meist für eins, zwei, manchmal drei):

ひと…　ふた…　み…　＋　…やま、…はこ、…ふくろ、…きれ

Der Zähler steht meist hinter dem zu zählenden Substantiv und Partikel:

オレンジは　**六コ**　300円です。

ジュースを　**二本**　買いました。

D Ordnen Sie den Bildern die unten stehenden Zähler zu.

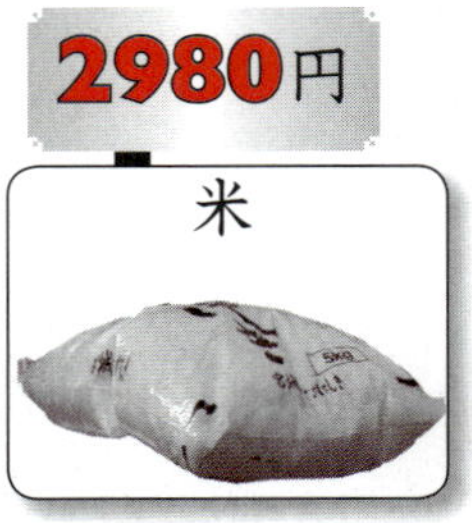

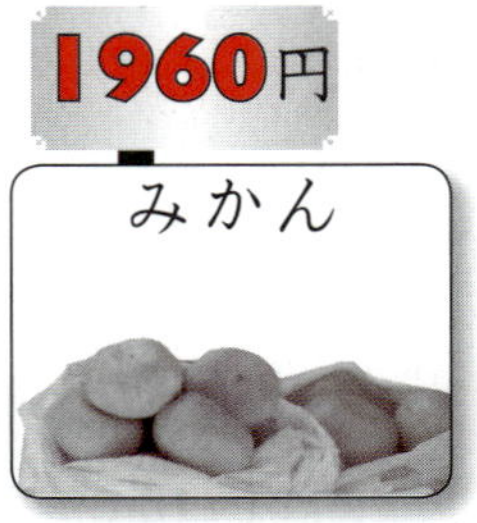

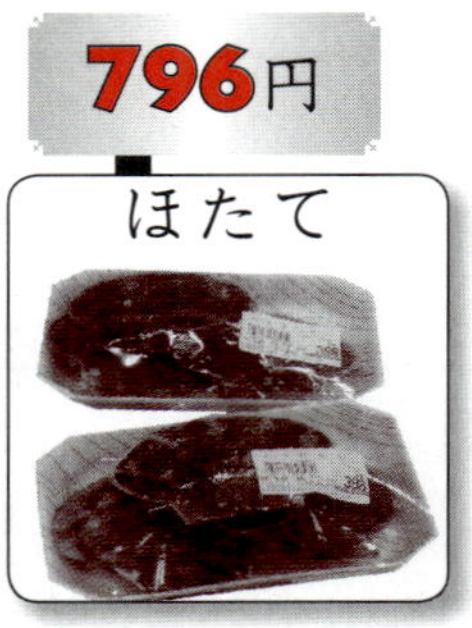

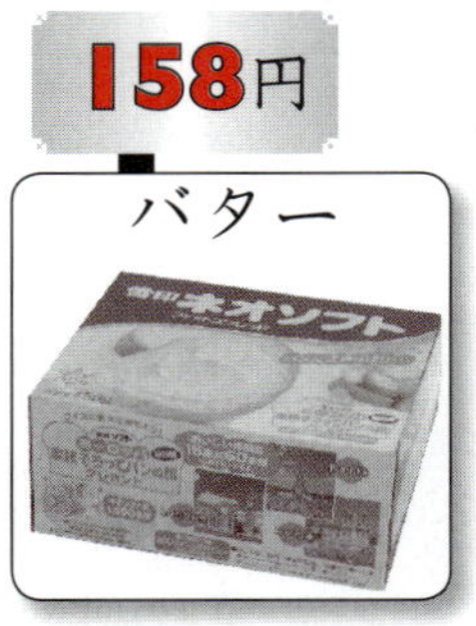

六つ　5キロ　三本　一箱　一パック　一山　150グラム　二袋　三切れ　6コ

E Üben Sie mit einem Partner in abwechselnden Rollen mit den Bildern.

バナナを　一山　ください。
Einen Bund Bananen bitte.

はい、450円です。
どうもありがとうございました。
Das macht 450 Yen. Danke.

しょうゆを　三本　ください。
3 Flaschen Soja-Sauce bitte.

はい、1740円です。
どうもありがとうございました。
Das macht 1740 Yen. Danke.

F Studieren Sie den Führer eines Warenhauses.

Japanische Warenhäuser haben am Eingang einen Auskunftsschalter, damit man sich in dem unglaublich vielfältigen Warenangebot leichter zurecht findet.

三島屋店内案内

6	レストラン街
5	スポーツ用品 ・ おもちゃ ・ ファミコン ステレオ ・ CD· DVD ・ 携帯電話 ・ FAX ワープロ・パソコン・Macコーナー ・ カメラ
4	インテリア用品 ・ 家電製品 ・ ペット用品 メガネ ・ とけい ・ かばん ・ ゴルフ用品 クレジットセンター ・ 化粧室 ・ ☎
3	メンズウエア ・ スーツ ・ ワイシャツ コート ・ セーター ・ ジーンズショップ カジュアルウエア ・ スラックス ・ くつ
2	レディースウエア ・ ヤング＆カジュアル セーター ・ ブラウス ・ スカート ・ ドレス スーツ ・ デザイナーファッション ・ くつ
1	ハンドバッグ ・ ・ アクセサリー スカーフ ・ ネクタイ ・ 化粧品 キャッシュコーナー ・ 化粧室 ・ ☎
B	食料品

47 Hören Sie die Dialoge am Auskunftsschalter und füllen Sie die Lücken.

Empfang: いらっしゃいませ。
Kundin: さいふ[1]がほしいんですが。
Empfang: あちら[2]__________にございます。
Kundin: はい、ありがとう。

48 Empfang: いらっしゃいませ。
Kunde: DVD売り場[3]はどこにありますか。
Empfang: あちら右手にエレベーター[4]がございます。
__________階[5]でお降りになって
__________おく[6]にございます。
Kunde: はい、どうも。

Teil des Kundendienstes ist die Verwendung von äußerst höflicher Sprache, die Sie verstehen sollten, aber **nicht aktiv verwenden** müssen.

ございます hat die gleiche Bedeutung wie あります.

お＋i-Stamm＋になって ist die äußerst höfliche Bindeform. お降りになって entspricht der höflichen Form 降りて.

1 Geldbörse 2 うりば Abteilung 3 Lift 4 …かい …ter Stock 5 おりる aussteigen 6 hinten

G Üben Sie diese Kanji.

化 化 化 化 化 化
KA, KE – VERWANDELN
INDIVIDUUM WIRD HIPPIE

案 案 案 案 案 案
AN – PLAN
UNTER DACH FRAU AUF BAUM

粧 粧 粧 粧 粧 粧
SHOU – SCHMINKE
AUS REIS UND SCHEUNENERDE

街 街 街 街 街 街
GAI, *MACHI* – STRASSE, VIERTEL
ZWISCHEN STRASSEN ZWEI ERDEN

階 階 階 階 階 階
KAI – STOCKWERK
DORF, ZWEI HIPPIES WEISS

製 製 製 製 製 製
SEI – ERZEUGUNG
KUH MIT TUCH, RITTERLICHES GEWAND

売 売 売 売 売 売
URU – VERKAUFEN
GELEHRTER AUF SCHRIFTROLLE

H Verbinden Sie diese Satzteile mit Hilfe des Führers in **F** zu korrekten Aussagen.

地下	には	おもちゃやカメラなど		
一階		ブラウスやスカートやドレスなど	が	あります。
二階		食料品		
三階		レストラン街		
四階		コートやスーツやくつなど	が	買えます。
五階		ゴルフ用品やメガネなど	を	売っています。
六階	では	ハンドバッグやアクセサリーなど		

I Merken Sie sich diese Wörter und lesen Sie das Gespräch auf der nächsten Seite. Markieren Sie die Rollen V = Verkäuferin, K = Kunde.

スラックス　Hose
明るいグレイの　eine hellgraue (Hose)
お客さま　おきゃくさま　Kunde (Anrede)
これ　dieses Ding (beim Sprecher)
…はいかがでしょう　Wie wäre es mit …
…をはく　von unten anziehen (Hose, Rock etc.)
はいてみたい　… möchte anprobieren
試着室　しちゃくしつ　Umkleidekabine
試す　ためす　probieren
ちょうどいい　genau richtig
ぴったり　passt genau, wie angegossen
長さ　ながさ　Länge
似合う　にあう　man sieht darin gut aus
消費税　しょうひぜい　Mehrwertsteuer
消費税がつきまして　inklusive Mehrwertsteuer
…円になります　Das macht … Yen.
こい色　こいいろ　dunkle Farbe
…を着る　きる　von oben anziehen (Jacke etc.)

V いらっしゃいませ。
K スラックスがほしいんですけど。
お客さまのですね。サイズは？
えーと、日本のサイズはよくわかりません。
そうですね。お客さまですと86cmぐらいですね。

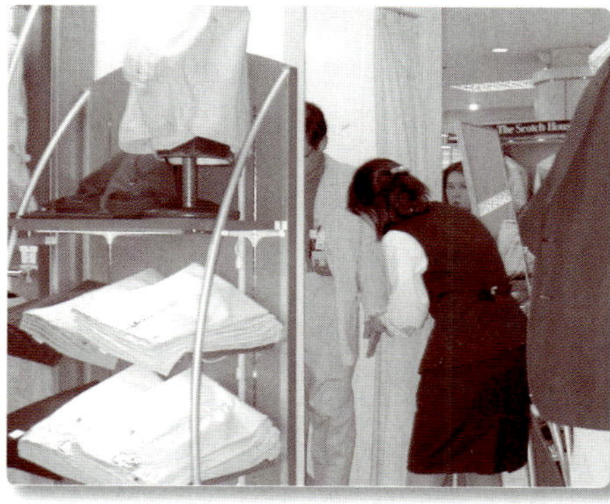

明るいグレイので4000円ぐらいのがありますか。
はい、これはいかがでしょう。4320円ですが。
いいですね。ちょっとはいてみたいんですけど。
あちらに試着室がございますから、お試しになってみてください。

うん。ちょうどいいですね。ぴったりだ。
長さもちょうどいいし、よくお似合いですよ。
じゃあ、これをください。
はい。消費税がつきまして、4536円になります。

4965957417249JAN		
245146 EP KA4250NP		¥4,320
小計		¥4,320
外税(ﾀｲｼｮｳ	4320)	¥216
合計		¥4,536

K Bilden Sie einen Dialog wie oben und bauen Sie diese Wendungen ein.

もう少し 明るい / こい 色のがありますか。
Haben Sie das in einer etwas helleren/dunkleren Farbe?

もう少し　すこし　noch ein bisschen

ちょっと きつい / ゆるい です。一つ 上 / 下 のサイズを着てみたいんですけど。
Es ist ein wenig zu eng/weit. Ich möchte gerne die nächste/nächst kleinere Größe anprobieren.

L Üben Sie diese Kanji.

明 明 明 明 明
AKARUI – HELL
SONNE UND MOND

室 室 室 室 室
SHITSU – RAUM
DACH, EIN MUSKELPROTZ AUF ERDE

客 客 客 客 客
KYAKU – GAST, KUNDE
DACH AUF ALLES

長 長 長 長 長
NAGAI – LANG
HAARE UND GEWAND

試 試 試 試 試
SHI, *TAMESU* – PROBIEREN
SAGEN FEIERLICH

似 似 似 似 似
NIRU – ÄHNLICH SEIN
INDIVIDUUM WIE ANDERE MENSCHEN

色 色 色 色 色 色
IRO – FARBE

消 消 消 消 消 消
SHOU – LÖSCHEN
WASSER AUF FLAMMENMOND

足 足 足 足 足 足
SOKU – FUSS

費 費 費 費 費 費
HI – AUFWENDEN
KOCHEN MUSCHEL

茶 茶 茶 茶 茶 茶
CHA – TEE
GRAS AUF GIEBEL UND HOCKEYSPIELER

税 税 税 税 税 税
ZEI – STEUER
KORN VON GEHÖRNTEM BRUDER

M Vervollständigen Sie dieses Gespräch mit den Phrasen im Kasten.

ぐらいのがありますか
サイズはわかりません
一つ上のサイズがありますか
ほしいんですけど

店員　いらっしゃいませ。
客　くつが一足[1] ______________________。
店員　お客さまのですね。サイズは…
客　日本の______________________。
店員　そうですね。お客さまですと27cmぐらいですね。
客　茶色い[2]ので3000円______________________。
店員　はい、これはいかがですか。
こちらにおかけになってお試しになってみてください。
客　あの、ちょっときついんですが。______________________。

1 いっそく　ein Paar　2 ちゃいろい　braun (wörtlich: *teefarben*)

N Merken Sie sich diese Farben und spielen Sie das Spiel.

しろい *weiß*	はいいろ *grau*	くろい *schwarz*
あかい *rot*	みどり *(hell)grün*	あおい *blau(grün)*
きいろい *gelb*	オレンジいろ *orange*	ちゃいろい *braun*
ピンク *lila*	むらさき *violett*	こん *dunkelblau*

Jede(r) wählt eine Farbe, die er/sie auf einen kleinen Zettel malt und ansteckt. Dann stellen Sie einen Stuhl weniger als Spieler in der Gruppe im Kreis auf und setzen sich. Die Lehrperson steht in der Mitte und ruft eine oder mehrere Farben auf, z. B. あか、くろ. Die Spieler mit diesen Farben müssen aufstehen und einen anderen Platz finden. Die Lehrperson versucht ebenfalls, einen Platz zu finden. Wer übrig bleibt, ruft die nächste(n) Farbe(n).
Hinweis: Ruft jemand いろ, müssen alle Spieler Platz tauschen!

Farben

Farbbezeichnungen teilen sich in zwei Gruppen:

1. Zeit-Adjektive
Dazu gehören die protojapanischen Grundfarben: しろい　くろい　あかい　あおい
sowie zwei von Substantiven abgeleitete Farben: きいろい *„goldfarben"*　ちゃいろい *„teefarben"*

Wie Zeit-Adjektive bilden sie ihre Formen durch das Ersetzen der Endsilbe い:
前はしろかったですが、今はしろくありません。くろくなりました。
(Das Hemd, das Haus o. ä.) war einmal weiß, aber jetzt ist es nicht (mehr) weiß. Es ist schwarz geworden.

Merken Sie sich: –かった bildet die vergangene Form, –く die Form vor dem Verb.

2. Substantive
Alle übrigen Farbbezeichnungen – auch jene aus dem Englischen – sind Substantive.
はいいろ　ー　オレンジいろ　ー　みどり　ー　むらさき　ー　こん　ー　ピンク

Daher steht zwischen Farbbezeichnung und Substantiv の, vor dem Verb に:
はいいろのセーターがほしいんですが… *Ich möchte einen grauen Pullover.*
春になると、木はみどりになります。 *Die Bäume werden im Frühling grün.*
はる

3. Mischformen
Die unter 1 angeführten Farben werden manchmal ohne い wie Substantive verwendet.
信号はまだあかです。すぐあおになります。

O Typische Farben in Japan – Merken Sie sich die Aussprache der Kanji.

日本のポストはイギリスのように[1]赤いです。
郵便屋さん[2]のせいふく[3]は紺です。
パトカー[4]は白と黒のツートンカラー[5]です。
おまわりさん[6]のせいふくは紺です。
駅のこうしゅう[7]電話はたいてい[8]グリーンです。
高校生のせいふくは、たいてい女子[9]が紺か茶色で、
男子[10]が黒か紺です。

白い	しろい
黒い	くろい
赤い	あかい
青い	あおい
茶色い	ちゃいろ
黄色い	きいろい
紺	こん
緑	みどり

Vergleichen Sie jetzt mit den hierzulande typischen Farben.

日本とちがって[11]、ドイツのポストはきいろいです。
Im Unterschied zu Japan sind die Briefkästen in Deutschland gelb.

1 wie in England　2 ゆうびんや Briefträger　3 Uniform　4 Streifenwagen　5 zweifarbig　6 Polizist
7 öffentlich　8 meist　9 じょし Mädchen　10 だんし Knaben　11 …とちがう im Unterschied zu …

P Lesen Sie den Text und markieren Sie diese Aussagen als richtig oder falsch.

1 秋葉原[1]には、電気製品やパソコンなどの店がたくさんあります。
2 今度の月曜日に友だちと一緒に行くつもりです。
3 友だちと行った店はたいへんこんでいました。
4 友だちと一緒に一時間ぐらいプレステのソフトを試しました。
5 お金があまりありませんから、買い物はできませんでした。

日曜日は、友だちと一緒に秋葉原[1]の電気街[2]に行きました。大きい電気製品[3]の店がたくさんあります。それに、パソコンやファミコン[4]などの店もすごく多いです。ビデオやゲームソフトなどもいっぱい[5]あります。

人が多かったですが、友だちはあまりこんでいない店に連れて行ってくれました。そこでは、友だちと二時間ぐらいプレステの一番あたらしいゲーム[6]をしました。店員[7]がしんせつ[8]にいろいろ説明してくれましたから、使い方がよくわかりました。

ほしいものがいっぱいありましたが、お金があまりありませんから、何も買いませんでした。でも、またぜひあそびに行きたいです。

1 Akihabara　2 でんきがい *Electric Town*　3 せいひん Produkt　4 Spielkonsole
5 sehr viel　6 neue(s) Spiel(e)　7 てんいん Verkäufer(in)　8 freundlich, nett

Demonstrativa

Bei **Demonstrativpronomen** unterscheidet man: Sie beginnen mit der Silbe:

1. den eigenen Bereich こー
2. den Bereich des Gesprächspartners そー
3. den weiteren, sichtbaren Bereich あー
4. die dazugehörigen Fragewörter どー

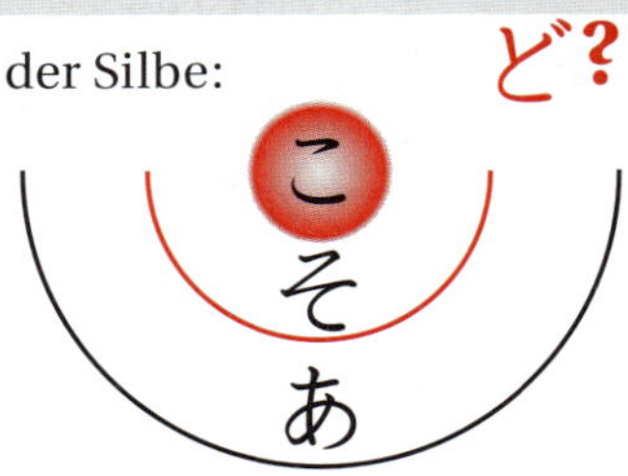

Damit kombiniert man folgende Silben:

ーの vor Substantiv　ーれ vor Partikel　ーこ、ーちら für Orte　**Ausnahme:** あそこ

Beispiele:

それは何ですか。 ー どれ？これですか。 *Was ist **das** (bei dir)? – **Was, das hier**?*
そのセーターはよく似合いますね。 ***Dieser** Pullover steht dir sehr gut.*
エスカレーターはどこですか。あそこです。 *Wo ist die Rolltreppe? – **Dort drüben**.*

17 食事 Shokuji

A Studieren Sie die Frühstücksgewohnheiten der fünf Personen und merken Sie sich die Wörter.

木村さん

紅茶[1]
トースト
ジャム
ジュース

お茶[2]
魚[3]
ご飯[4]
みそしる[5]

上田くん

まついさん

コーヒー
たまご
サラダ
ジュース

コーヒー

大川さん

山本さん

お茶
サンドイッチ
ミルク

1 こうちゃ schwarzer Tee 2 おちゃ grüner Tee 3 さかな Fisch 4 ごはん gekochter Reis 5 Miso-Suppe

B Decken Sie die Tabelle zu und verbinden Sie die Satzteile zu richtigen Aussagen.

木村さん 上田くん まついさん 大川さん 山本さん	は	あさ	お茶 紅茶 ジュース コーヒー ミルク みそしる	を	飲みます。 飲みません。
			魚とご飯 サンドイッチ たまごとサラダ トーストとジャム	を	食べます。 食べません。
			何	も	食べません。

食 食 食 食 食 食
SHOKU, *TABERU* – ESSEN
UNTER GIEBEL UNTERGEHENDE SONNE

飲 飲 飲 飲 飲 飲
***NOMU* – TRINKEN**
ESSEN FEHLT

C Merken Sie sich diese Wörter und Phrasen.

料理　りょうり　(Landes-)Küche
中華料理　ちゅうか…　chinesische Küche
家庭料理　かてい…　das Essen zu Hause
どれ　welche (von mehreren)
甘いもの　Süßigkeiten
一日に　いちにちに　pro Tag
一番　いちばん　am meisten, etc.
何回　なんかい　wie viele Male
朝ご飯　あさごはん　Frühstück
おやつ　kleine Mahlzeit zwischendurch
昼ご飯　ひるごはん　Mittagessen
晩ご飯　ばんごはん　Abendessen
…を食べたことがありますか
Hast du schon einmal … gegessen?
おすし　Sushi
(gesäuerter Reis mit rohem Fisch)
おさしみ　Sashimi (rohe Fischfilets)
焼肉　やきにく　am Tischgrill gebratenes Fleisch
天ぷら　てんぷら　Tempura
(Fisch, Krabben und Gemüse fritiert)
ラーメン　chinesische Nudelsuppe
やきとり　Hühnerspießchen

D Einige Fragen zu Ihren persönlichen Essgewohnheiten. Kreuzen Sie an.

1 どの料理が一番好きですか。
イタリア料理　家庭料理
中華料理　フランス料理
ファーストフード

2 どれを一番よく食べますか。
ハンバーガー　パスタ
ピザ　サンドイッチ

3 甘いものやスナックなどは
たくさん食べます　時々食べます
あまり食べません　食べません

4 一日に何回食べますか。
2回　3回
4回　5回

5 一番好きな飲みものは何ですか。
お水　コーラ
ジュース　その他:

6 どれを食べたことがありますか。
おすし　おさしみ
焼肉　天ぷら
ラーメン　やきとり

さしみ

やきとり

おすし

ラーメン

焼肉

天ぷら

E Machen Sie Interviews zu den Essgewohnheiten der Gruppe.

一日に何回ご飯を食べますか。
Wie oft isst du / essen Sie am Tag?

二、三回たべます。
2 – 3 Mal.

＿＿＿＿料理が好きですか。
Magst du die ＿＿＿＿ Küche?

ええ、大好きです。
いいえ、あまり好きではありません。
Ja, sehr gern. / Nein, nicht besonders.

何を一番よく食べますか。
Was isst du / essen Sie am häufigsten?

サラダとピザです。
Salat und Pizza.

甘いものもよく食べますか。
Isst du / essen Sie auch oft Süßigkeiten?

いいえ、あまり食べません。
Nein, nicht besonders oft.

一番好きな飲み物は何ですか。
Was ist dein / Ihr Lieblingsgetränk?

色々ありますが、ジュースです。
Ich habe mehrere, aber am liebsten Juice.

おすしを食べたことがありますか。
Hast du / Haben Sie schon einmal Sushi gegessen?

ええ、あります。
いいえ、ありません。
Ja. / Nein.

49 Hören Sie das Gespräch und verbinden Sie die Dialogteile.

1 マヌエラさん、おなかがすいたでしょう。
2 じゃあ、昼ご飯を食べましょう。
おはしはだいじょうぶですか。
3 コーラかジュースでも飲みますか。
4 じゃ、たくさん食べてください。

a いいえ、お水でけっこうです。
冷たくておいしいですから。
b はい、いただきます。
c はい、だいじょうぶです。
わあ、これはおいしそうですね。
d はい、少しすきました。

おなかがすいたでしょう。 Du hast Hunger, nicht wahr?

おなかがすきました。 Ich bin hungrig. / Ich habe Hunger.
(wörtlich: Der Magen hat sich geleert.)

これはおいしそうです。 Das sieht aber gut aus!
(Standardkompliment an den Koch/Köchin)

おはしはだいじょうぶですか。 Kannst du mit Stäbchen essen?
(JapanerInnen sind immer besorgt, ob Gäste aus dem Westen damit zurechtkommen.)

たくさん食べてください。 „Bitte essen Sie viel.“ (=Lassen Sie es sich schmecken.)

いただきます。 „Ich greife zu.“
(Es gibt im Japanischen keine Entsprechung für „Guten Appetit“.)

お水でけっこうです。 Danke, Wasser genügt mir.

冷たい　つめたい　kalt (Hände, Wind, Wasser etc.)

F Üben Sie diese Kanji.

紅
KOU – <u>DUNKELROT</u>
FADEN MIT E

飯
HAN – <u>GEKOCHTER REIS, MAHLZEIT</u>
ESSEN DAGEGEN

理
RI – <u>GRUND, PRINZIP</u>
KÖNIG VOR DORF

華
KA – <u>HERRLICH, CHINA</u>
GRAS MIT STECKENPFERD

甘
AMAI – <u>SÜSS</u>
MARMELADEGLAS

朝
ASA – <u>MORGEN</u>
ZEHN UM SONNE, DANEBEN MOND

昼
HIRU – <u>MITTAG</u>
TÜR AUF SONNE UM EINS

晩
BAN – <u>ABEND</u>
SONNE UND SANDMÄNNCHEN

焼
YAKU – <u>BRATEN</u>
FEUER VON ZEHN GRÄSERN AUF GRILL

天
TEN – <u>HIMMEL</u>
EIN GROSSER

冷
TSUMETAI – <u>KALT</u>
ZWEI TROPFEN VOR GIEBEL MIT MAUS

Traditionelle Hauptnahrungsmittel sind Reis, Gemüse und Fisch, die in vielerlei Variationen auf den Tisch kommen. Roher Fisch – in Europa Inbegriff der japanischen Küche – ist eine Spezialität, die nicht jeden Tag am Speiseplan steht.

Das Essen ist auch von der chinesischen Küche beeinflusst, und in den letzten Jahrzehnten kam noch westlicher Einfluss, vor allem in Form von Fleischspeisen, hinzu. Diese wurden oft auf den japanischen Geschmack abgestimmt, sodass von den Originalrezepten manchmal nur der Name übrig blieb.

Wie das Bild zeigt, stehen am Eingang zu Lokalen Vitrinen, die Wachsmodelle der Speisen und Preise zeigen. Es gibt zwar auch meist bebilderte Speisekarten, aber häufig – vor allem bei Mittagsmenüs – entscheidet man schon vor dem Betreten des Lokals, was man bestellt.

G Quiz: Was sagen Sie in folgenden Situationen?

Bejahen Sie die Frage, ob Sie hungrig sind.
a いいえ、あまりすいていません。
b はい、のどがかわきました。
c はい、おなかがすきました。

Sagen Sie, dass Sie Durst haben.
a おなかがすいていません。
b のどがかわきました。
c おはようございます。

Bejahen Sie, dass Sie mit Stäbchen essen können.
a おはしを使うのがじょうずです。
b はい、だいじょうぶです。
c いいえ、ぜんぜん使えません。

Machen Sie vor dem Essen ein Kompliment.
a わあ、おいしそうですね。
b とてもおいしかったです。
c おいしいです。

Reagieren Sie auf die Aufforderung, viel zu essen.
a じゃ、行ってきます。
b はい、いただきます。
c もうけっこうです。

Sagen Sie, dass das Essen sehr gut schmeckt.
a とてもおいしいです。
b わあ、おいしそうですね。
c いいお天気ですね。

Bejahen Sie, dass Sie noch etwas trinken wollen.
a たくさん飲みました。
b はい、いただきます。
c いいえ、もうけっこうです。

Sagen Sie, dass Sie schon genug haben.
a はい、もうすこしいただきます。
b はい、たくさん食べます。
c いいえ、もうけっこうです。

Sagen Sie, dass es Ihnen sehr gut geschmeckt hat.
a わあ、おいしそうですね。
b とてもおいしいです。
c とてもおいしかったです。

Bedanken Sie sich für das vorzügliche Essen.
a ごちそうさまでした。
b もうおなかがいっぱいです。
c たくさん食べました。

Vergangenheit von Zeit-Adjektiven

Zeit-Adjektive bilden die Vergangenheit mit dem **Stamm +** かった.
Daran hängt man です, damit die Aussage wieder höflich wird.

きょうは　とても　たのしかったです。 Das war heute sehr schön.
ご飯は　とても　おいしかったです。 Das Essen war sehr gut.

In der Verneinung wird wieder – くな – dazwischengestellt.

前のアパートは　広くなかったです。 Die frühere Wohnung war nicht groß.
あのおすしは　おいしくなかったです。 Diese Sushi waren nicht gut.

Ersetzt man い durch そう, bekommt die Aussage die Bedeutung *„sieht … aus“*:

カレーライスは　おいしそうです。 Der Curry-Reis sieht gut aus.
あのセーターは　高そうです。 Der Pullover dort sieht teuer aus.

50 Hören Sie das Geprách und ordnen Sie den Speisen die Namen zu.

1 カツ丼
2 牛丼
3 えびフライ
4 うな重
5 五目そば

H Studieren Sie diese Satzmuster.

Frage:

おさしみ と おすし と どちら が 好きですか。

Sashimi oder Sushi, welches (von beiden) hast du lieber? / Magst du lieber Sashimi oder Sushi?

Antwort:

おさしみ より おすし の 方 が 好きです。

Lieber als Sashimi habe ich Sushi. / Ich mag Sushi lieber als Sashimi.

I Setzen Sie in den Antworten Ihre persönlichen Präferenzen ein.

あなたは中華料理[1]とイタリア料理と、どちらが好きですか。

わたしは ______ 料理の方が好きです。

やさいと肉[2]と、どちらをよく食べますか。

私は ______ より ______ の方をよく食べます。

あなたはレストランときっさてん[3]と、どちらによく行きますか。

私は ______ より ______ によく行きます。

1 ちゅうかりょうり Chinesische Küche 2 にく Fleisch 3 Kaffeehaus

Vergleich

Vergleiche bildet man durch Erweiterung einfacher Aussagen.

私は　魚が　好きです。	*Ich mag Fisch.*
私は　魚の方が　好きです。	*Ich mag Fisch **lieber**.*

Der Teil, auf den die Aussage stärker zutrifft, hat の方 zwischen Substantiv und Partikel.
Der Teil, auf den die Aussage weniger zutrifft, wird mit より markiert und steht weiter vorne.

私は　肉より　魚の方が　好きです。	*Ich mag Fisch **lieber als** Fleisch.*

Merken Sie sich: Die wichtigen Teile der Aussage stehen immer möglichst nahe beim Verb!

K Lesen Sie das Gespräch zwischen Fujiko Matsui und Kollegen, mit denen sie zu Mittag essen geht.

松井　ああ、おなかがすきましたね。さあ、きょうは何を食べましょうか。

中山　カレーはきのう食べたから…。　あ、日替わり定食[1]はハンバーグ[2]だ。ぼく[3]はこれにしよう。

松下　私は焼肉定食を食べたい…。　安くておいしそうです。

松井　私は日替わりBランチにしましょう。すぶた[4]は久しぶりですから。

1 ひがわりていしょく　Tagesmenü　2 Hacksteak　3 ich (für Männer)　4 Schweinefleisch süß-sauer

L Lesen Sie weiter und setzen Sie die Bestellung ein.

店員　何名様[1]ですか。

松井　三人です。

店員　禁煙[2]ですか、喫煙[3]ですか。

松井　禁煙席[4]。

店員　はい、こちらへどうぞ。

店員　おしぼり[5]をどうぞ。ご注文[6]は何にいたしましょうか。

松井　_______________と_______________と_______________、おねがいします。

店員　はい、かしこまりました[7]。

1 なんめいさま　wie viele Personen　2 きんえん　Nichtraucher　3 きつえん　Raucher
4 せき　Platz　5 Erfrischungstuch　6 ごちゅうもん　Ihre Bestellung　7 verstanden, danke

51 Sie gehen alleine Mittag essen. Hören Sie die Fragen und wählen Sie die passende Antwort.

1 一人です。
お一人様です。
四人。

2 喫煙です。
かまいません。*
禁煙です。

3 けっこうです。
はい、どうも。
はい。

4 カツ丼定食
ハンバーグ定食
えびフライ定食
サンドイッチ
日替わりAランチ
日替わりBランチ
カレーライス
うな重

おねがいします。

をください。

Getränke zum Mittagessen zu bestellen ist nicht üblich. Es wird im Sommer kaltes Wasser oder im Winter grüner Tee gratis serviert.

* Ist mir egal

M Üben Sie diese Kanji.

丼 丼 丼 丼 丼 丼
DON – <u>SCHÜSSEL</u>
BRUNNEN MIT INHALT

様 様 様 様 様 様
SAMA – <u>HERRSCHAFT</u>
BAUM UND SCHAF-WASSER

重 重 重 重 重 重
JUU – <u>AUFEINANDERLEGEN</u>
WAGEN MIT ZWILLINGSREIFEN

禁 禁 禁 禁 禁 禁
KIN – <u>VERBOT</u>
ZWEI BÄUME AUF ZEIGEN

替 替 替 替 替 替
KAWARU – <u>WECHSELN</u>
ZWEI EHEMÄNNER AUF SONNE

煙 煙 煙 煙 煙 煙
EN – <u>RAUCH</u>
FEUER IM WESTEN AUF ERDE

定 定 定 定 定 定
TEI – <u>FESTLEGEN</u>
DACH MIT FUSSABDRUCK

喫 喫 喫 喫 喫 喫
KITSU – <u>GENIESSEN</u>
MUND, BESITZER UND SCHWERT – GROSS

員 員 員 員 員 員
IN – <u>MITARBEITER</u>
MUND AUF MUSCHEL

注 注 注 注 注 注
CHUU – <u>GIESSEN</u>
WASSER UND BESITZER

名 名 名 名 名 名
MEI *NA* – <u>NAME</u>
TAGEBUCH MIT MUND

文 文 文 文 文 文
MON – <u>SCHRIFTSTÜCK</u>

N Lesen Sie den Text und markieren Sie die Aussagen darunter als richtig oder falsch.

松原[1]さんは５２才で、北海道の稚内[2]に住んでいます。稚内は日本の一番北の町です。

松原さんは札幌[3]出身[4]ですが、２５才で京都に行って、京都の大きいホテルでバーテンダーになりました。給料[5]はとてもよかったですが、しごとの時間も長かったです。

１０年間ぐらいバーテンダーをやって、お金がたくさんたまりました[6]。そのお金で北海道に帰って[7]、稚内でレストランを開きました[8]。

まずステーキハウスを始めました[9]。ステーキは高かったのですが、お客さんは多かったです。1992年から、日本の経済[10]がだんだん悪く[11]なり、お客さんも少なくなりました。

ですから、ステーキハウスのとなりに、ラーメンの店も開きました。北海道はラーメンがおいしいので、観光客[12]がよく入ります。５月から９月まで昼ご飯や晩ご飯の時、店がいっぱいで、松原さんはとても忙しいです。

1 まつばら　2 わっかない　3 さっぽろ　4 しゅっしん Herkunft　5 きゅうりょう Gehalt
6 ist zusammengekommen　7 かえって zurückkehren　8 ひらく aufmachen, betreiben
9 beginnen　10 けいざい Wirtschaft　11 わるく schlecht(er) werden　12 かんこうきゃく Touristen

1 松原さんは札幌で生まれましたが、今稚内に住んでいます。
2 松原さんは１７年前まで京都のホテルにつとめていました。
3 １７年前に札幌に帰って、ステーキハウスを開きました。
4 ステーキはおいしくなかったので、お客さんが少なくなりました。
5 今ラーメンの店の方には、お客さんがよく入ります。

Sukiyaki

Mit der Verbreitung des Buddhismus ab dem 9. Jahrhundert verschwand Fleisch vom Speiseplan, und erst nach der Modernisierung Japans in der zweiten Hälfte des 19. Jahrhunderts begann man langsam wieder Fleisch zu konsumieren.

Ein sehr beliebtes Fleischgericht ist Sukiyaki, von dem es viele regionale und durch persönlichen Geschmack bestimmte Varianten gibt. Hier finden Sie ein Minimalrezept nach ostjapanischer Art, das hierzulande leicht zubereitet und nach Belieben erweitert werden kann.

Als Grundausrüstung werden benötigt:
1 großer Teller, auf dem die rohen Zutaten am Tisch serviert werden
1 elektrische Kochplatte, damit man Sukiyaki am Tisch zubereiten kann
1 Pfanne oder flacher Topf, in dem die Zutaten in der Sauce gekocht werden
4 kleine Schüsseln, in denen die Eier zerschlagen und verrührt werden

Zutaten:
1/8 Liter japanische Sojasauce
falls vorhanden 1/8 Liter *dashi* (klare japanische Gemüsebrühe), sonst Wasser
3-4 Esslöffel Zucker
falls vorhanden 1 Schuss Sake (japanischer Reiswein)
ca. 100 g Rinderfett
600 g dünn geschnittenes Rindfleisch (Lende)
200 g Shiitake (japanische Pilze)
1 Stück Tofu
3 Stangen Lauch
2 Bündel Glasnudeln
4 Eier

Vorbereitung:
Glasnudeln eine 1/2 Stunde in kaltem Wasser erweichen
Lauch waschen und in 2-3 cm lange Stücke schneiden
Stämme von den Pilzen entfernen
Tofu in 2-3 cm große Würfel schneiden

Zubereitung der Fonduesauce:
Man nimmt ca. 1/8 Liter japanische Sojasauce, verdünnt sie mit *dashi* oder Wasser und gibt Zucker und Sake dazu.

Zubereitung des Fondues am Tisch:
Man erhitzt die Pfanne (oder den Topf) und befettet sie mit Rinderfett. Anschließend wird die Fonduesauce erhitzt und die Zutaten werden in der Sauce gekocht. Wichtig ist es, die Zutaten schrittweise nachzulegen, denn zu langes Kochen soll vermieden werden. Wird die Sauce im Topf dick, füllt man *dashi* oder Wasser nach.

Essen:
Man zerschlägt das Ei in der kleinen Schüssel und verrührt es.
Darin taucht man die fertig gekochten Zutaten, bevor man sie zu sich nimmt.

Guten Appetit!

18 お天気 O-tenki

A Merken Sie sich diese Wettersymbole sowie die Wörter und Phrasen.

天気がいい
晴れ　はれ

雨が降る
あめがふる

風が吹く
かぜがふく

天気がわるい
曇り　くもり

雪が降る
ゆきがふる

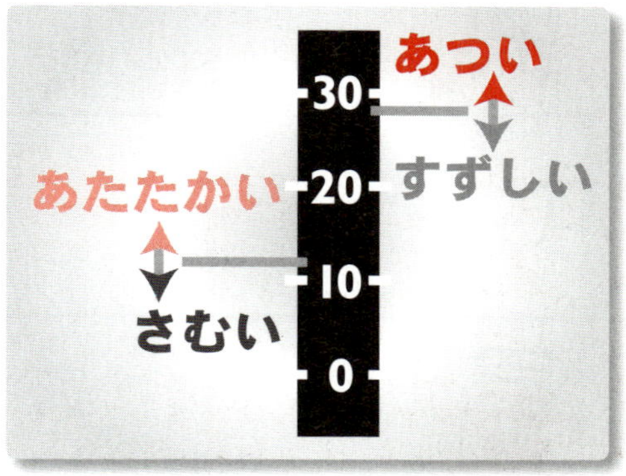

B Studieren Sie die Wörter und sprechen Sie über das heutige Wetter.

きょう は

はれ / くもり / あつい / あたたかい / すずしい / さむい　です。

てんき が　いい / わるい　です。

あめ / ゆき が　ふって　います。

かぜ が　ふいて　います。

天気がいい	てんき	das Wetter ist schön	風が吹く	かぜがふく	Wind bläst
悪い	わるい	schlecht	暑い	あつい	heiß (unangenehm)
晴れ	はれ	heiter	暖かい	あたたかい	warm (angenehm)
曇り	くもり	bewölkt	涼しい	すずしい	kühl (angenehm)
雨が降る	あめがふる	Regen fällt / es regnet	寒い	さむい	kalt (unangenehm)
雪が降る	ゆきがふる	Schnee fällt / es schneit			

C Üben Sie diese Kanji.

晴 晴 晴 晴 晴 晴
HARE – HEITER
SONNE UND BLAU

雨 雨 雨 雨 雨 雨
AME – REGEN
WOLKEN MIT TROPFEN

風 風 風 風 風 風
KAZE – WIND
SPALT MIT INSEKT

吹 吹 吹 吹 吹 吹
FUKU – BLASEN
MUND FEHLT

曇 曇 曇 曇 曇 曇
KUMORI – BEWÖLKT
SONNE AUF REGEN UND ZWEI MUSKELN

雪 雪 雪 雪 雪 雪
YUKI – SCHNEE
REGEN AUF YOGAKASTEN

暑 暑 暑 暑 暑 暑
ATSUI – HEISS
SONNE AUF PERSON

暖 暖 暖 暖 暖 暖
ATATAKAI – WARM
SONNE WÄRMT FREUND

涼 涼 涼 涼 涼 涼
SUZUSHII – KÜHL
WASSERTROPFEN VOR HAUPTSTADT

寒 寒 寒 寒 寒 寒
SAMUI – KALT
DACH AUF SPERRE

D Merken Sie sich diese Wörter und Kanji.

明日	あす（あした）	morgen
全国の	ぜんこく	ganzes Land, ganz Japan
天気予報	てんきよほう	Wettervorhersage
九州	きゅうしゅう	Kyuushuu
一日中	いちにちじゅう	den ganzen Tag
西日本	にしにほん	Westjapan
時々曇り	ときどきくもり	zeitweise bewölkt
東日本	ひがしにほん	Ostjapan
にわか雨	にわかあめ	Platzregen
東北	とうほく	Nordostjapan
強い	つよい	stark
北海道	ほっかいどう	Hokkaidou

全 全 全 全 全 全
ZEN – GANZ
GIEBEL AUF KÖNIG

予 予 予 予 予 予
YO – IM VORAUS

報 報 報 報 報 報
HOU – INFORMATION
GLÜCK MIT KLEIDERHAKEN

強 強 強 強 強 強
TSUYOI – STARK
BOGEN UND MUSKEL-INSEKT

52 Hören Sie die Wettervorhersage und finden Sie die richtige Karte.

全国の天気予報

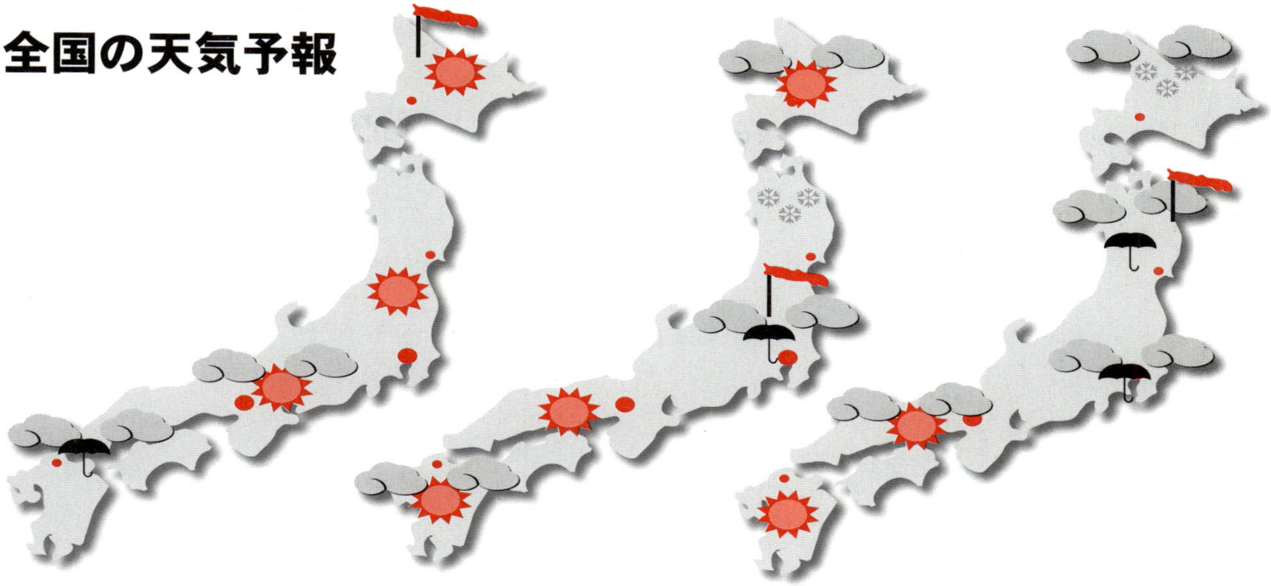

E Verbinden Sie die Satzteile zu richtigen Aussagen.

北海道	は	あした	晴れ	でしょう。
東北			曇り	
東日本			雨	
西日本			雪	
九州				

Einfache verneinte Verbformen

Die **einfache Verneinung** bildet man, indem man:

1. die Endsilbe auf -u durch die entsprechende Silbe auf -a ersetzt
   Ausnahmen sind viele Verben auf -iru oder -eru, bei denen -ru wegfällt, z. B. miru > mi—

う	く	ぐ	す	つ	ぬ	ぶ	む	る	ーる
わ	か	が	さ	た	な	ば	ま	ら	○

Dabei ändert sich die Qualität der Silbe bei: kau > kawa—, motsu > mota—

2. die Silbe -na- und eine dieser Endungen anhängt:
   -i für nicht Vergangenes/Zeitloses,
   -katta für Vergangenes,
   -kute für die normale Bindeform,
   -ide vor kudasai.

書 か な い / かった / くて

53 Hören Sie diese Gespräche und setzen Sie die Verbformen ein, die Sie hören.

1 セーターを着た[1]方がいいですか。
え？　セーター？　24度[2]になるそうですから、＿＿＿＿＿＿でしょう。

2 傘[3]を＿＿＿＿＿＿もいいでしょうか。
雨が降るかもしれませんから、持って行った方がいいですよ。

3 きょうはコート＿＿＿＿＿＿ですよね。
そうですか。寒くなるそうですから、＿＿＿＿＿＿方がいいですよ。

4 きょうは寒いですよ。ブーツ[4]を＿＿＿＿＿＿方がいいですよ。
そうですか。いえ、はかなくてもだいじょうぶでしょう。

5 買い物に行きましょうか。
いいえ、雨が降りそう[5]ですから、＿＿＿＿＿＿方がいいですよ。

1 きた　2 ど Grad Celsius　3 かさ Regenschirm　4 Stiefel　5 es sieht nach Regen aus

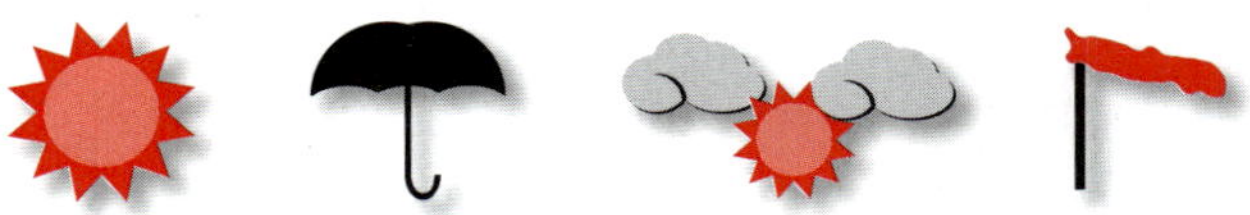

持 持 持 持 持 持
JI *MOTSU* – HALTEN
HAND UND TEMPEL

Empfehlungen

Empfehlungen bildet man folgendermaßen:

1. bejahte einfache Vergangenheit oder verneinte einfache zeitlose Form + 方がいい:

行った方がいいです。　*Es ist besser zu gehen/fahren.*
行かない方がいいです。　*Es ist besser nicht zu gehen/fahren.*

2. verneinte Bindeform + もいい:

行かなくてもいいです。　*Es ist gut, auch wenn du nicht gehst/fährst.*

F Welche Empfehlungen können Sie beim heutigen Wetter geben? Vervollständigen Sie diese Sätze.

＿度になりそうですから、

コート ブーツ	を	着た はいた	方がいいです。
コート ブーツ	を	着なくて はかなくて	もいいです。

Es wird heute … Grad haben, und daher ist es besser, … anzuziehen / braucht man keinen … anzuziehen.

G Üben Sie diese Kanji und lesen Sie dann die Geschichte.

Kanji	Lesung – Bedeutung	Merkhilfe
走	*HASHIRU* – LAUFEN	ERDE AUF FUSSABDRUCK
当	TOU, *ATARU* – ZUTREFFEN	DREIZACK AUF YOGAKASTEN
止	*TOMERU* – ABSTELLEN	DEUTLICHER FUSSABDRUCK
急	KYUU, *ISOGU* – EILEN	RÜSSEL, YOGAKASTEN, HERZ
駐	CHUU – PARKEN	PFERD UND BESITZER
戻	*MODORU* – ZURÜCKKEHREN	IN TÜR GROSS
弁	BEN – IMBISS DIALEKT	
込	*KOMU* – ÜBERFÜLLT SEIN	EINTRETEN MIT BEWEGUNG

日曜日はお天気がよかったので、大川さんはガールフレンドとピクニックに行くことにした。９時ごろ車で家を出て、海へ行った。

日曜日は自動車が多いので、あまりはやく走れなかった。それで、海岸まで２時間ぐらいかかった。

ついたら、人がいっぱいいた。車を止めるのはたいへんだった。３０分もぐるぐる回って、やっと駐車場を見つけた。そこから歩いて海岸に行った。

１時ごろやっとお弁当を食べることができた。食べていると、急に曇ってきて、雨が降ってきた。急いでかたづけて、雨にぬれながら車に戻った。ついていない一日だった。

よかったので weil es gut war	やっと endlich
ガールフレンド Freundin	駐車場 ちゅうしゃじょう Parkplatz
…ことにする beschließen, etwas zu tun	…を見つける みつける finden
車で くるま mit dem Auto	お弁当 べんとう mitgebrachtes Essen
海の方へ うみ ans Meer	急に曇ってきた きゅうに plötzlich zogen Wolken auf
走る はしる fahren, laufen	雨が降ってきた es begann zu regnen
海岸 かいがん Strand, Küste	急いで いそいで eilig
着いたら ついたら als sie ankamen	かたづける zusammenräumen, -packen
車を止める とめる Auto abstellen, parken	雨にぬれながら vom Regen durchnässt
たいへんだった es war sehr schwierig	車に戻る もどる zurückkehren
ぐるぐる回る まわる im Kreis drehen, fahren	ついていない Pech gehabt

H Was ist an diesem Sonntag schief gegangen? Geben Sie Ratschläge wie in diesem Beispiel.

日曜日は人が多いですから、海岸に＿行かない方がいいです＿。

日曜日は込んでいますから、電車で＿＿＿＿＿＿＿＿＿＿。

ピックニックに行く前、天気予報を＿＿＿＿＿＿＿＿＿＿。

町のまん中のレストランで昼ご飯を＿＿＿＿＿＿＿＿＿＿。

日曜日は家でゆっくり＿＿＿＿＿＿＿＿＿＿。

I Betrachten Sie diese Bilder und sprechen Sie darüber mit den Phrasen auf der nächsten Seite. Üben Sie auch die Kanji darunter.

左上
上のまん中
右上
左下
下のまん中
右下

の　は

きっと
sicher, bestimmt

たぶん
vielleicht

春
夏
秋
冬

です。

だ　と　思います。

かもしれません。

春 ***HARU*** – FRÜHLING
TRIEBE DURCH SONNE

思 ***OMOU*** – DENKEN
REISFELD UND HERZ

夏 ***NATSU*** – SOMMER

端 **TAN** – RAND
STEHT BERG WIDERSTAND

秋 ***AKI*** – HERBST
KORN IM FEUER

地 **CHI** – ERDE
ERDE UMSEGELN

冬 ***FUYU*** – WINTER

図 **ZU** – PLAN

K Betrachten Sie diese Vergleichskarte und füllen Sie die richtige Information aus dem Kasten ein.

アフリカの北端[1]	北イタリア
チュニジアのまん中	サハラのまん中

日本をヨーロッパの地図[2]に重ねて[3]みると、

北海道の北端は＿＿＿＿＿＿＿＿に当たります。[4]

東京は＿＿＿＿＿＿＿＿＿＿＿＿に当たります。

九州は＿＿＿＿＿＿＿＿＿＿＿＿に当たります。

沖縄[5]は＿＿＿＿＿＿＿＿＿＿＿＿に当たります。

1 ほくたん Nordrand　2 ちず Landkarte　3 かさねる darüber legen　4 あたる entsprechen　5 おきなわ

L Lesen Sie diese Informationen.

日本人にとって[1]桜[2]は春のしょうちょう[3]です。
沖縄では一月の終わり[4]ごろ咲きます[5]。
東京では四月の初め[6]ごろ、咲きます。
北海道では五月の半ば[7]ごろに咲きます。
桜が咲くと、日本人はよくお花見[8]をします。
きれい[9]に咲いている木の下に座って[10]、
食べたり飲んだり歌[11]を歌ったりします。

1 für die JapanerInnen 2 さくら Kirsch(baum) 3 Symbol 4 おわり gegen Ende … 5 さく blühen 6 はじめ Anfang 7 なかば Mitte 8 はなみ Kirschblütenfest 9 schön 10 すわる sitzen 11 うた Lied

M Üben Sie diese Kanji.

桜 桜 桜 桜 桜 桜
SAKURA – KIRSCHBAUM
BAUM STRAHLT WIE FRAU

初 初 初 初 初 初
HAJIMETE – ZUM ERSTEN MAL
NELKEN UND SCHWERT

終 終 終 終 終 終
OWARU – ENDEN
FADEN UND WINTER

座 座 座 座 座 座
SUWARU – SITZEN
IN SCHEUNE ZWEI MENSCHEN AUF ERDE

咲 咲 咲 咲 咲 咲
SAKU – BLÜHEN
MUND UND HÖRNER GROSS

歌 歌 歌 歌 歌 歌
UTA – LIED, ***UTAU*** – SINGEN
ZWEI MÖGLICHKEITEN FEHLEN

N Vergleichen Sie die Durchschnittstemperaturen der Städte und bilden Sie Sätze wie in den Beispielen.

冬はベルリンより札幌の方がずっと寒いです。
夏はウィーンより東京の方がずっと暑いです。

	札幌[1]	東京	福岡[2]	沖縄[3]	ベルリン	チューリッヒ	ウィーン
2月	−6°C	+5°C	+7°C	+17°C	+1°C	0°C	−2°C
8月	+18°C	+26°C	+28°C	+30°C	+19°C	+18°C	+20°C

1 Sapporo 2 Fukuoka 3 Okinawa

19 困った！ Komatta!

A Merken Sie sich diese Wörter und Phrasen.

ピザパラス *Pizza Palace*
三田　みた *Mita* (Familienname)
三島屋　みつしまや *Mitsushimaya*
紙袋　かみぶくろ Papiersack
置き忘れる　おきわすれる vergessen
…らしい es scheint, dass …
少々　しょうしょう ein wenig
お預かりしています　あずかり wir haben (ihn) in Aufbewahrung
ご来店　ごらいてんいただければ wenn Sie kommen könnten
開いている　あいて ist geöffnet
営業時間　えいぎょうじかん Öffnungszeit
取りに行く　とりに holen gehen
お待ちしております　おまち wir warten

54 Hören Sie das Telefongespräch und füllen Sie die Wörter aus dem Kasten ein.

開いています
紙袋
五時すぎ
セーター

店員　まいどありがとうございます。
ピザパラスの三田でございます。
山本　あ、きょうのお昼、そちらに三島屋の
__________を置き忘れたらしいんですけど。
中はピンクの__________です。
店員　三島屋の紙袋ですね。　少々お待ちください。
…
店員　あ、はい、お預かりしています。ご来店いただければ…
山本　今晩何時から__________か。
店員　営業時間は五時から十一時までです。
山本　わかりました。じゃ、__________取りに行きます。
店員　かしこまりました。ご来店お待ちしております。

B Markieren Sie diese Aussagen als richtig oder falsch.

1 山本さんはお昼イタリア料理を食べました。
2 ピザパラスに行く前に、三島屋で買い物をしました。
3 ピザパラスは九時から五時まで開いています。
4 ピザパラスは忘れ物をお客さんのところに届けます。

C Üben Sie diese Kanji.

置 置 置 置 置 置
OKU – SETZEN, STELLEN, LEGEN
VIER MAL ZEHN AUGEN MIT L

営 営 営 営 営 営
EI – BETRIEB
SCHULDACH MIT ZWEI ROSTLÖCHERN

忘 忘 忘 忘 忘 忘
*WASU*RERU – VERGESSEN
VERLUST AUF HERZ

業 業 業 業 業 業
GYOU – HANDWERKSKUNST

預 預 預 預 預 預
*AZU*KERU – AUFBEWAHREN
VORAUS SEITE

取 取 取 取 取 取
*TO*RU – NEHMEN
OHR UND NUSSKNACKER

D Lesen Sie diesen Text und merken Sie sich die Phrasen und Kanji. Beantworten Sie dann die Fragen.

ヨハンさんは、レストランを出て、しばらく新宿を歩きました。おもしろくて高いビルがあったので、写真をとろうとした時、カメラがないのに気がつきました。レストランに置き忘れてきたにちがいないと思い、あわててレストランに引きかえしました。

しばらく　eine Weile, einige Zeit
新宿　しんじゅく　Stadtteil von Tokyo
写真をとる　しゃしん　ein Foto machen
しゃしんをとろうとする
(vergeblich) versuchen, ein Foto zu machen
…のに気がつく　bemerken, draufkommen
…にちがいない　zweifellos
あわてて　hastig
引きかえす　ひきかえす　kehrtmachen

写 写 写 写 写 写
SHA – ABBILDEN

真 真 真 真 真 真
SHIN – WIRKLICHKEIT
ZEHN AUGEN MACHT ACHT

引 引 引 引 引 引
*HI*KU – ZIEHEN
BOGEN UND SEHNE

1 ヨハンさんはどこを出ましたか。
2 そのあとどこを歩きましたか。
3 どうして写真をとろうとしましたか。
4 その時何に気がつきましたか。
5 カメラをどこに置き忘れましたか。
6 ヨハンさんは何をしましたか。

E Ordnen Sie diesen Dialog zwischen Johann und dem Kellner.

◯ あ、はい。お預かりしています。これでしょうか。
◯ あの…、ニコンのデジカメで、私のなまえが書いてあります。
① すみません。カメラをここに置き忘れたらしいんですけど。
◯ はい、そうです。ああ、よかった。どうもありがとうございました。

55 Haken Sie die Phrasen ab, die Sie hören.

忘れ物があります。	忘れ物はないよね。
忘れ物。	忘れ物ないように。
忘れ物はないですね。	お忘れ物ないようにご注意ください。

F Merken Sie sich diese Wörter und Kanji.

先週　せんしゅう　vorige Woche
こわれてるみたい　scheint kaputt zu sein
動く　うごく　sich bewegen, gehen
電池　でんち　Batterie
…を換る　かえる　wechseln, tauschen
換えてみる　versuchen zu wechseln
領収書　りょうしゅうしょ　Rechnung
取りかえる　とり…　umtauschen
お待たせいたしました
„Danke für das Warten“
新しい　あたらしい　neu

換 換 換 換 換 換
KOU, *KAERU* – WECHSELN

意 意 意 意 意 意
I – MEINUNG
STEHT SONNE AUF HERZ

新 新 新 新 新 新
ATARASHII – NEU
STEHEN AUF BAUM, DANEBEN PFUND

動 動 動 動 動 動
UGOKU – BEWEGEN
SCHWER – KRAFT

池 池 池 池 池 池
CHI – TEICH
WASSERTROPFEN MIT SEGELBOOT

56 Hören Sie das Gespräch und beantworten Sie diese Fragen.

1 お客さんはディスクマンをいつ買いましたか。
2 ディスクマンはどうなりましたか。
3 電池はいつ換えてみましたか。
4 店員は何をしてくれましたか。

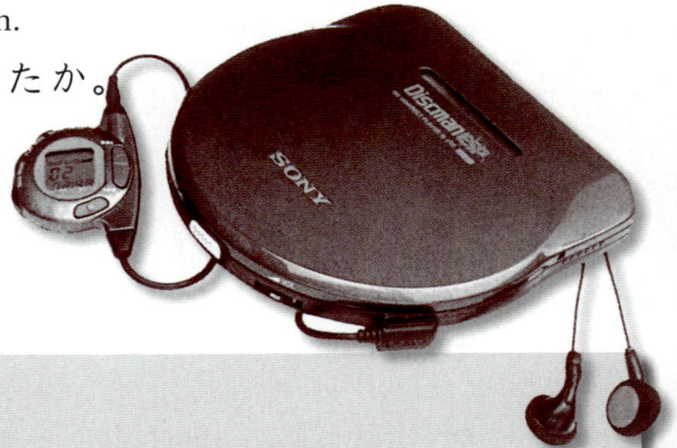

Modifikation der Aussage

Das Hauptverb in der Bindeform kann durch folgende Verben ergänzt werden:

…てみる „tun und sehen (was passiert)“ = **versuchen, etwas zu tun**

電池を換えてみましょう。 *Wechseln wir die Batterien und sehen wir, was passiert.*
このくつをはいてみてください。 *Bitte probieren Sie diese Schuhe an.*

…てもらう „getan erhalten“ = **von jemandem etwas (für sich) tun lassen**

店員に電池を換えてもらいました。 *(Ich) ließ vom Verkäufer die Batterien wechseln.*
友だちに道を教えてもらいました。 *(Ich) ließ mir vom Freund den Weg erklären.*

…てくれる „tun aus Freundlichkeit“ = **jemand ist so nett und tut etwas (für einen anderen)**

店員は電池を換えてくれました。 *Der Verkäufer hat mir die Batterien gewechselt.*
友だちは道を教えてくれました。 *Der Freund hat mir den Weg erklärt.*

…てしまう „leider tun, passieren“ = **etwas Ungewolltes tun**

ディスクマンをこわしてしまいました。 *Ich habe den Discman kaputt gemacht.*
あ、しまった！ *Verflixt!*

G Lesen Sie diesen Dialog und merken Sie sich die Wörter auf der nächsten Seite.

店員　いらっしゃいませ。
お客　あの…、この時計、きのう落としてしまって、
　　　それから動かないんです。
店員　ちょっと見てみますので、少々お待ちください。
　　　お待たせいたしました。中の機械がちょっとこわれてますので、
　　　部品の交換が必要です。
お客　どのぐらいかかりますか。
店員　そうですね。明日の午後までにはできます。
お客　じゃ、お願いします。

時計	とけい	Uhr
落とす	おとす	fallen lassen
機械	きかい	Mechanik, Maschine
部品	ぶひん	(Ersatz-)Teil
交換	こうかん	Tausch, Wechsel
…が必要だ	ひつよう	… ist notwendig
どのぐらい		wie lange
明日	あした	morgen
…の午後まで	ごご	bis … Nachmittag
できる		hier: fertig sein

H Üben Sie diese Kanji.

計 計 計 計 計
KEI *HAKARU* – MESSEN
SAG ZEHN

午 午 午 午 午
GO – TAGESMITTE

落 落 落 落 落
OCHIRU – FALLEN, *OTOSU* – FALLENLASSEN
GRAS AUF WASSER UND JEDEN

直 直 直 直 直
NAOSU – REPARIEREN
ZEHN AUGEN MIT L

部 部 部 部 部
BU – TEIL
STEHT MUND NEBEN DORF

修 修 修 修 修
SHUU – AUSBILDEN
INDIVIDUUM STOCK LEHRER DREI

I Setzen Sie die Wörter im Kasten in die Gespräche ein.

しまいました	しまって
くれました	みました
みます	もらえる

① 店員 いらっしゃいませ。
お客 あの…、このカメラ、きのう落として＿＿＿＿＿＿＿＿、
それから動かないんです。
店員 ちょっと見て＿＿＿＿＿＿＿＿ので、少々お待ちください。

② お客 このプレーヤ、電池はきのう換えて＿＿＿＿＿＿＿＿が、
ぜんぜん動きません。修理[1]して＿＿＿＿＿＿＿＿でしょうか。
店員 お客さま、領収書をお持ちですか。
お客 ええ、これです。

③ 山本 カメラはどうなったんですか。
田中 テーブルから落ちて[2]こわれて＿＿＿＿＿＿＿＿。
でも、カメラ屋[3]さんはすぐ直して[4]＿＿＿＿＿＿＿＿。

1 しゅうり Reparatur 2 おちる hinunterfallen 3 カメラや Fotohändler 4 なおす reparieren

K Ordnen Sie die Sätze den Symbolen zum richtigen Umgang mit CDs und DVDs zu.

① ディスクに触れないで[1]ください。
② ほこり[2]の多いところに置かないでください。
③ 水にぬらさないで[3]ください。
④ ディスクを落とさないでください。
⑤ ボールペンで書かないでください。
⑥ 日なた[4]に置かないでください。
⑦ 使用後[5]ケースに入れて[6]ください。
⑧ ラベルなどをはらないで[7]ください。

1 ふれる berühren　2 Staub　3 nass machen　4 ひなた direkte Sonne
5 しようご nach Gebrauch　6 いれる hineingeben　7 はる aufkleben

Verbot

Hinweise, etwas nicht zu tun, werden auf verschiedene Arten gebildet.

1. …ないでください　= **bitte nicht …**

ディスクマンを落とさないでください。 *Bitte lassen Sie den Discman nicht fallen.*
ボールペンで書かないでください。 *Bitte schreiben Sie nicht mit Kugelschreiber.*

2. …ないようごちゅういください　= **bitte passen Sie auf, dass Sie nicht …**

手でふれないようごちゅういください。 *Achtung, nicht mit der Hand berühren!*
忘れ物のないようごちゅういください。 *Bitte Vorsicht, nichts liegen lassen.*

3. …てはいけません ・ …てはだめです　„es geht nicht, dass" = **nicht dürfen**

ここに車を止めてはいけません。 *Man darf hier das Auto nicht abstellen.*
右に曲がってはだめです。 *Man darf/Du darfst hier nicht rechts abbiegen.*

4. …禁止（きんし）= **… verboten!**

立ち入り禁止（たちいりきんし） *Betreten verboten!*
駐車禁止（ちゅうしゃきんし） *Parken verboten!*

L Lesen Sie diese Erklärungen und ordnen Sie sie den Verkehrszeichen zu.

① このへんでは、通りを渡ってはいけません。
② 80〜100キロのスピードで走ってはいけません。
③ このへんには、自動車を長い時間止めてはいけません。
④ 右や左に曲がってはだめです。まっすぐ行かなくてはいけません。
⑤ 交差点を渡る前に、止まって、右と左をよく見なくてはいけません。

Gebot

Müssen wird ausgedrückt durch:

1. …なくてはいけません = „es geht nicht, wenn man nicht …“

スピードを落とさなくてはいけません。 *Man muss die Geschwindigkeit reduzieren.*
まっすぐ行かなくてはいけません。 *Man muss geradeaus gehen/fahren.*

2. …なくてはだめです = „es ist unmöglich, dass man nicht …“

駐車場で車を止めなくてはだめです。 *Man muss das Auto am Parkplatz abstellen.*
次の角を右に曲がらなくてはだめです。 *Man muss an der nächsten Ecke rechts abbiegen.*

Beachten Sie die Aussprache:

In der Umgangssprache wird なくて häufig zu なくちゃ verschliffen.

M Merken Sie sich diese Wörter und Phrasen.

速い　はやい　schnell, zu schnell

スピードを落とす
Geschwindigkeit reduzieren

スピード制限　せいげん
Geschwindigkeitsbeschränkung

一方通行　いっぽうつうこう　Einbahn

止める　とめる　Darf man hier halten?

駐車禁止　ちゅうしゃきんし
Halten/Parken verboten

違反　いはん　Strafe wegen Nichtbeachtung von Verkehrsvorschriften

駐車違反　ちゅうしゃいはん　Parkstrafe

スピード違反　Strafe wegen Schnellfahrens

横断禁止　おうだんきんし
Überqueren der Straße verboten

危ない　あぶない　*wörtlich:* gefährlich
als Ausruf: Achtung, Vorsicht!

57 Hören Sie die Gespräche und ordnen Sie sie den Bildern zu.

N Üben Sie diese Kanji.

違 違 違 違 違 違
I, *CHIGA*U – VERSCHIEDEN SEIN
ALLES IN BEWEGUNG

触 触 触 触 触 触
*FURE*RU – BERÜHREN
ECKE MIT INSEKT

反 反 反 反 反 反
HAN – GEGENTEIL
HANG MIT NUSSKNACKER

立 立 立 立 立 立
*TA*TSU – (AUF)STEHEN
SOLDAT STEHT WACHE

横 横 横 横 横 横
OU, *YOKO* – SEITE
BAUM MIT GRAS-BILD

制 制 制 制 制 制
SEI – SYSTEM, KONTROLLE
KUH MIT TUCH RITTERLICH

断 断 断 断 断 断
DAN – ABBRECHEN
L-REIS = PFUND

限 限 限 限 限 限
GEN – BESCHRÄNKEN
DORF UND UNTERGEHENDE SONNE

危 危 危 危 危 危
*ABU*NAI – GEFÄHRLICH
RÜSSEL ÜBER HANG - GEFAHR

20 日本のスポーツ Nihon no supootsu

バ	レ	ー	ボ	ー	ル	た	
テ	ニ	ス	や	す	け	い	ば
か	ゴ		き	も		そ	
ら	ル	じ	ゅ	う	ど	う	
て	フ		う	サ	ッ	カ	ー

A Schreiben Sie die Namen der Sportarten in die Raster unter die Bilder hier und auf der nächsten Seite. Alle Namen finden Sie in diesem Kasten waagrecht oder senkrecht.

B Äußern Sie Ihre persönliche Meinung zu den Sportarten oben und auf der folgenden Seite.

わたしは	からて じゅうどう すもう	が	大好きです。 好きです。 あまり好きではありません。

Ich mag sehr gern / gern / nicht besonders …

わたしの一番好きなスポーツは	バレーボール ゴルフ …………	です。

Mein Lieblingssport ist …

やきゅう たいそう サッカー けいば	は	おもしろい[1] むずかしい[2] つまらない[3] 危ない[4]	と	思います。

Ich finde … 1 interessant / 2 schwierig / 3 fad, langweilig / 4 gefährlich

すもう ゴルフ ………	を	見た やった	こと	が	あります。 ありません。

Ich habe schon einmal/noch nie …… gesehen/gespielt.

C Üben Sie diese Kanji und schreiben Sie zu den Wörtern darunter die richtige Aussprache in Hiragana.

野 野 野 野 野 野
YA – WIESE
DORF IM VORAUS

球 球 球 球 球 球
KYUU – BALL, KUGEL
KÖNIG FORDERT

体 体 体 体 体 体
TAI – KÖRPER
INDIVIDUUMS WURZEL

操 操 操 操 操 操
SOU – BEHERRSCHUNG
HAND, DREI SCHACHTELN AUF BAUM

競 競 競 競 競 競
KEI – WETTEIFERN
STEHEN BRÜDER NEBENEINANDER

馬 馬 馬 馬 馬 馬
BA – PFERD

柔 柔 柔 柔 柔 柔
JUU – SANFT
HELLEBARDE AUF BAUM

柔道

体操

野球

競馬

Können Sie dieses Wort erraten? Die Aussprache des ersten Kanji weicht ab!

空手

D Merken Sie sich diese Wörter und Phrasen.

…に興味がある　きょうみ　sich für … interessieren

どこのチーム　welches Team

…を応援する　おうえん　unterstützen

巨人　きょじん　Riese, hier: *Tokyo Giants*

プロ野球　やきゅう　Profi-Baseball

(大)ファン　だい…　(großer) Fan

実は　じつ　in Wahrheit, eigentlich

去年から　きょねん　seit dem Vorjahr

チアリーダー　*Cheerleader*

阪神　はんしん　Team von Osaka und Kobe (阪 von 大阪, 神 von 神戸[こうべ])

試合　しあい　Match, Begegnung

入場料　にゅうじょうりょう　Eintrittsgebühr

58 Hören Sie die Gespräche und verbinden Sie die richtigen Satzteile.

松井さん	は	時々	はんしんのしあいを見に行きます。
上田さん		いつも	野球にきょうみがありません。
山本さん		あまり	大学のチームのチアリーダーです。
木村さん		きょ年から	テレビでプロ野球を見ています。
大川さん			きょじんをおうえんします。

E Üben Sie diese Kanji.

巨 巨 巨 巨 巨
KYO – RIESIG

興 興 興 興 興
KYOU – INTERESSE

実 実 実 実 実
JITSU – WIRKLICHKEIT
DACH MIT ASTIGEM BAUM

味 味 味 味 味
MI – GESCHMACK
MUND VOR ENDE

去 去 去 去 去
KYO – VERGANGEN
ERDE UND MUSKEL

応 応 応 応 応
OU – REAGIEREN
SCHEUNE MIT HERZ

阪 阪 阪 阪 阪
HAN *SAKA* – HÜGEL
DORF DAGEGEN

援 援 援 援 援
EN – HELFEN
HAND WÄRMT FREUND

神 神 神 神 神
SHIN – GOTT
NELKEN MIT SCHILDKRÖTE

F Lesen Sie den Text und markieren Sie die Aussagen als richtig oder falsch.

1 **Baseball ist zweifellos die beliebteste Sportart Japans.**
2 **In Japan spielt man schon seit fast 300 Jahren Baseball.**
3 **Auch Schülerliga-Matches werden im Fernsehen übertragen.**
4 **Es gibt in Japan 12 Profi-Ligen mit jeweils 6 Teams.**
5 **Die Saison beginnt im Februar und dauert bis September.**
6 **Der Gesamtsieger wird in der Nihon Series ermittelt.**
7 **Es gibt maximal sieben Playoff-Spiele.**
8 **Zirka 400 Millionen Zuschauer sehen die Live-Übertragungen.**

日本で一番さかんなスポーツは野球に違いない。

野球はアメリカから来たが、日本人は明治時代から野球をやっている。学校にも野球チームがたくさんある。特に高校野球は有名で、春と夏に全国から強いチームが出場する甲子園大会がある。その試合はテレビでもよく放送され、高校の野球選手にとってこの大会に出場することは大きな夢となっている。

プロ野球には、１２のチームがあり、パシフィック・リーグとセントラル・リーグの二つのリーグに分かれている。　３月から１０月にかけてほとんど毎日試合を行っている。各チームは一年に１３０の試合をし、１０月後半にパ・リーグとセ・リーグの優勝チームが戦って日本一を決める日本シリーズがある。

日本シリーズは、最多で７試合あり、先に４回勝ったチームが勝者となる。テレビで日本シリーズを見る人は４０００万人といわれ、日本で一番人気のあるイベントだろう。

さかん(な)　beliebt
…に違いない　ちがい　… ist zweifellos …
明治時代　めいじじだい　Meiji-Zeit (1868–1912)
特に　とくに　besonders
高校　こうこう　Oberstufe
有名(な)　berühmt, bekannt
大会　たいかい　großes Treffen, Turnier
…に出場する　しゅつじょう　teilnehmen an …
甲子園　こうしえん　Park in Oosaka
試合　しあい　Match, Begegnung
…は放送される　ほうそう　… wird übertragen
選手にとって　せんしゅ　für die Spieler
夢　ゆめ　Traum
…に分かれている　わかれて　ist geteilt in …
…を行っている　おこなって　finden … statt
後半に　こうはん　in der zweiten Hälfte
優勝チーム　ゆうしょう　siegreiches Team
戦う　たたかう　kämpfen
日本一　にほんいち　Nummer 1 in Japan
…を決める　きめる　entscheiden
最多で　さいた　maximal
勝つ　かつ　siegen
勝者　しょうしゃ　Sieger, siegreiches Team
…といわれる　es wird gesagt, dass …
人気のある　にんき　populär
イベント　Ereignis, Veranstaltung (*event*)

G Üben Sie diese Kanji.

治 — **JI** – REGIEREN, WASSERTROPFEN VOR GESTELL	毎 — **MAI** – IMMER WIEDER
代 — **DAI** – ZEITALTER, GENERATION	各 — **KAKU** – JEDER, LEHRER AUF ROSTLOCH
特 — **TOKU** – BESONDERS, KUH VOR TEMPEL	優 — **YUU** – ÜBERLEGEN
有 — **YUU** – HABEN, HAND AUF MOND	勝 — **SHOU,** ***KATSU*** – SIEGEN
放 — **HOU** – FREI LASSEN, RICHTUNG MIT LEHRER	戦 — ***TATAKAU*** – KÄMPFEN
選 — **SEN** – (AUS)WÄHLEN	決 — ***KIMERU*** – ENTSCHEIDEN
夢 — **YUME** – TRAUM	者 — **SHA** – PERSON

H Merken Sie sich diese Wörter und Phrasen.

弓道　きゅうどう　Kunst des Bogenschießens
…のような武道　ぶどう　Kampfsport
段　だん　Dan (Grad des Fortschritts)
帯　おび　Gürtel
…を目的とする　もくてき　zum Ziel haben
正確さ　せいかく　Genauigkeit, Präzision
鍛練　たんれん　Übung
つまり　nämlich
弓と矢　ゆみとや　Bogen und Pfeil
体　からだ　Körper
精神　せいしん　Geist
すべての…　alles …

…が求めらる　もとめられる　wird verlangt
的に当たる　まとにあたる　Zielscheibe treffen
重要(な)　じゅうよう　wichtig
座禅　ざぜん　Zen-Meditation
…に似ている　にている　ähnlich sein
立った状態　じょうたい　im Stehen
めい想　めいそう　Meditation
競技　きょうぎ　Wettkampf
一組　ひとくみ　eine Gruppe
横に　よこに　zur Seite
一歩づつ　いっぽ　je einen Schritt
間隔　かんかく　Abstand
前後　ぜんご　vorn und hinten
半歩づつ　はんぽ　je einen halben Schritt
ずれて　auseinander
並ぶ　ならぶ　(in einer Reihe) stehen
完全に　かんぜんに　ganz, komplett
心を合わせて　こころ　einmütig
一斉に　いっせい　gleichzeitig
射る　いる　schießen
一言　ひとこと　ein Wort
真理　しんり　Wahrheit
追求　ついきゅう　Suche, Verfolgung
…を習う　ならう　lernen

I Üben Sie diese Kanji.

求 求 求 求 求 求
KYUU, ***MOTO**MERU* – SUCHEN, FORDERN

的 的 的 的 的 的
MATO – ZIELSCHEIBE
WEISSE SCHEIBE

禅 禅 禅 禅 禅 禅
ZEN – MEDITIEREN
NELLY IN EINHEIT

状 状 状 状 状 状
JOU – ZUSTAND

態 態 態 態 態 態
TAI – LAGE

想 想 想 想 想 想
SOU – DENKEN

技 技 技 技 技 技
GI – KUNST, FERTIGKEIT
HAND HAT UNTERSTÜTZUNG

組 組 組 組 組 組
KUMI – AUFSTELLUNG

隔 隔 隔 隔 隔 隔
KAKU – ZWISCHENRAUM

並 並 並 並 並 並
NARABU – IN REIHE STEHEN

完 完 完 完 完 完
KAN – VOLLSTÄNDIG
DACH AUF GRUNDLAGE

斉 斉 斉 斉 斉 斉
SEI – GLEICH

射 射 射 射 射 射
IRU – SCHIESSEN
KÖRPER UND ZOLL

追 追 追 追 追 追
TSUI – VERFOLGEN
ANFÜHRER IN BEWEGUNG

59 Hören Sie das Interview mit Tanigawa Sayuri und ordnen Sie den Fragen die richtigen Antworten zu.

①弓道は空手や柔道のような武道ですか。
②弓道の目的は何ですか。
③競技はどのようにするのですか。
④これから弓道を始めたいという人たちに一言お願いします。

- [ ] いいえ、弓道は武道ではありません。段や帯が目的ではありません。
- [ ] 弓道は真理の追求です。もし弓道を始めても真理を追求しなければ、それは弓道を習ったことになりません。
- [ ] 正確さと鍛練です。つまり、弓と矢と体と精神すべてのバランスが求められます。的に当たるかは重要ではありません。弓道は座禅に似ていますが、立った状態でするめい想です。
- [ ] ふつうは六人が一組となって、横に一歩づつの間隔で、前後に半歩づつずれて並び、完全に心を合わせて一斉に射ます。

K Hören Sie nochmals das Interview mit Tanigawa Sayuri und beantworten Sie diese Fragen.

1 **Warum ist das Bogenschießen nicht mit Kampfsportarten vergleichbar?**
2 **Welches Ziel wird bei diesem Sport verfolgt?**
3 **Wie sieht die Aufstellung der Bogenschützen im Wettkampf aus?**
4 **Welche Voraussetzungen sind für einen Anfänger wichtig?**

Sumo-Ringen: formvollendet „verrückt“

Anmerkungen von Uwe Makino, einem Sumo-Fan

Sumo ist formvollendet verrückt. Steinalt, gewiss – das gilt wohl für jede Form des Ringkampfs – doch was wir heute zu sehen bekommen, ist durch zahlreiche Neuerungen gegangen und immerhin Nationalsport der in die moderne Technik vernarrten Japaner.

Die sechs offiziellen Turniere im Jahr werden live im nationalen Fernsehen übertragen, drei gibt es in Tokyo, je eines in Osaka, Nagoya und Fukuoka. 15 Tage dauert ein Turnier, immer an einem Sonntag beginnend. Am Ende wird abgerechnet – ein weißer Stern (*shiro-boshi*) pro Sieg, ein schwarzer (*kuro-boshi*) – für eine Niederlage. Das Ziel ist mindestens eine Siegmehrheit: *kachi-koshi*. Nach diesen Ergebnissen werden Beförderungen und Rangverluste errechnet.

Pünktlich um 18 Uhr sollte ein Kampftag, der am frühen Morgen beginnt, abgeschlossen sein – Tribut an den Mediensport Sumo, denn dann beginnen die TV-Nachrichtenprogramme. „Es ist Zeit“ lautet die Anweisung des Ringrichters, die Aufwärmzeremonie *shikiri* zu beenden. Dieses Ritual dauert etwa vier Minuten und dient nicht zuletzt der Einschüchterung des Gegners: Dann geht es zur Sache: *tachi-ai*, aufstehen und ran an den Mann.

Jeder Kampf endet mit der offiziellen Bekanntgabe der Siegtechnik *kimari-te*, wovon es über 70 gibt. Die Raffinesse ist leider bei einem Durchschnittsgewicht von über 150 Kilo auf dem Rückzug, umso populärer deshalb die „Kleinen“, die flink und immer für eine Überraschung gut sind.

Sollte die Entscheidung des Hauptrichters, der wie ein Shinto-Priester gekleidet ist, von einem der vier Richter am Rande des Rings nicht geteilt werden, gibt es eine Besprechung, das *mono-ii*, ohne den Hauptrichter. Hier sollte man auf den Vorsitzenden achten, denn der ist mit dem Videozimmer verbunden, wo der Kampf aus verschiedenen Perspektiven in Zeitlupe begutachtet wird. Das Urteil des Hauptrichters kann bestätigt oder für falsch erachtet werden. In solchen Fällen wird der Kampf neu angesetzt: *tori-naoshi*.

Übrigens: Sumo sehen und Japanisch lernen ergänzen sich hervorragend. Ich legte bald jegliche Scheu vor den chinesischen Zeichen ab, weil ich die Namen der Ringer und die Siegtechniken in den Einblendungen bald lesen konnte. Nach einiger Zeit verstand ich weitgehend Zeitungsartikel – nur zum Thema Sumo, versteht sich…

L Hier sind die höchsten Sumo-Ränge in Kanji. Ordnen Sie die Ränge in Hiragana zu.

横綱	よこづな
大関	
関脇	
小結	
前頭	

21 痛い！ Itai!

あたま	頭	Kopf
かみのけ	かみの毛	Kopfhaar
くび	首	Nacken
かた	肩	Schulter
ほね	骨	Knochen
せなか	背中	Rücken
こし	腰	Hüfte, Taille
おしり		Hinterteil
あし	足	Bein, Fuß
ひざ		Knie
あしくび	足首	Knöchel
あしのゆび	足の指	Zehe
かお	顔	Gesicht
はな		Nase
のど		Hals
うで		Arm
ひじ		Ellbogen
てくび	手首	Handgelenk
ゆび	指	Finger

A Merken Sie sich die Namen der Körperteile und ordnen Sie die Wörter mit Pfeilen richtig zu.

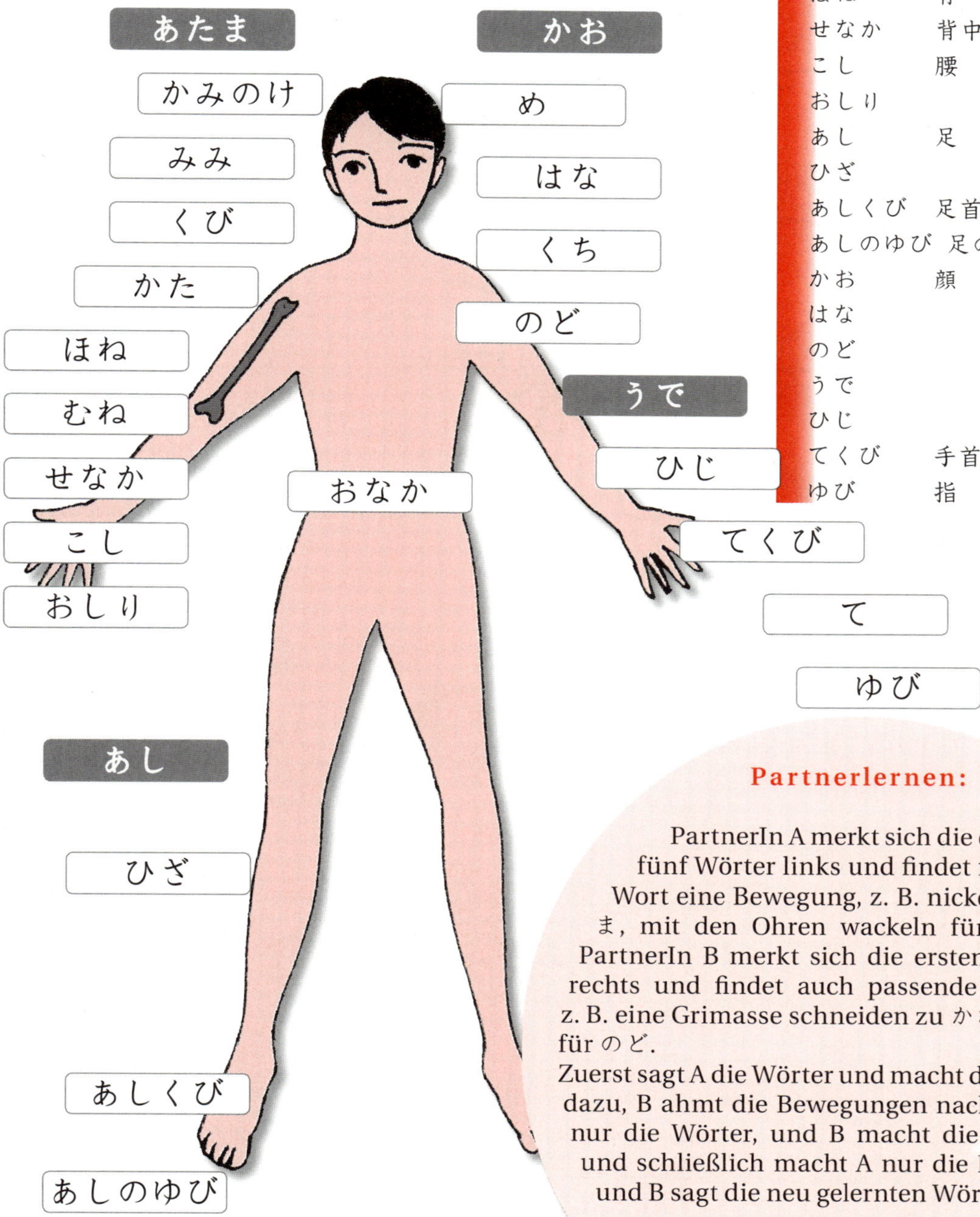

Partnerlernen:

PartnerIn A merkt sich die ersten fünf Wörter links und findet für jedes Wort eine Bewegung, z. B. nicken für あたま, mit den Ohren wackeln für みみ, usw. PartnerIn B merkt sich die ersten fünf Wörter rechts und findet auch passende Bewegungen, z. B. eine Grimasse schneiden zu かお oder gurgeln für のど.
Zuerst sagt A die Wörter und macht die Bewegungen dazu, B ahmt die Bewegungen nach. Dann sagt A nur die Wörter, und B macht die Bewegungen, und schließlich macht A nur die Bewegungen, und B sagt die neu gelernten Wörter.

Danach werden die Rollen getauscht, und A lernt die Wörter von B wie oben beschrieben.

B Üben Sie diese Kanji.

頭 頭 頭 頭 頭 頭
ATAMA – <u>KOPF</u>
BOHNE UND SEITE

背 背 背 背 背 背
SEI, SE – <u>KÖRPER(GRÖSSE)</u>
NORD - MOND

毛 毛 毛 毛 毛 毛
KE – <u>HAAR</u>

腰 腰 腰 腰 腰 腰
KOSHI – <u>TAILLE, HÜFTE</u>
MOND NOTWENDIG

首 首 首 首 首 首
KUBI – <u>NACKEN</u>
HÖRNER AUF SELBST

顔 顔 顔 顔 顔 顔
KAO – <u>GESICHT</u>
STEHT AUF LANGEM HAAR, SEITE

肩 肩 肩 肩 肩 肩
KATA – <u>SCHULTER</u>
TÜR ÜBER MOND

指 指 指 指 指 指
YUBI – <u>FINGER</u>
HAND VOR HIPPIE AUF SONNE

骨 骨 骨 骨 骨 骨
HONE – <u>KNOCHEN</u>
VERBINDUNG ZU MOND

歯 歯 歯 歯 歯 歯
HA – <u>ZAHN</u>
STEHEN BLEIBEN AUF REIS-DOSE

C Welche Aussage passt zu welchem Bild?

① 頭が痛いです[1]。
② 足をけがしました[2]。
③ かぜ[3]をひきました。
④ 歯[4]が痛いです。
⑤ 気分が悪い[5]です。
⑥ おなかが痛いです。
⑦ 目まい[6]がします。
⑧ 熱[7]があります。

1 weh tun　2 verletzen　3 Erkältung　4 Zahn　5 mir ist übel　6 Schwindelgefühl　7 Fieber

痛 痛 痛 痛 痛 痛
ITAI – <u>SCHMERZEN</u>
SPITAL AUF MAUS AUF ZAUN

熱 熱 熱 熱 熱 熱
NETSU – <u>FIEBER, HITZE</u>

D Merken Sie sich diese Wörter und Phrasen.

元気がない　げんき　es geht jem. nicht gut
とうしました(か)
とうしたんですか　Was ist los? Was ist passiert?
きっと　sicherlich
…を食べすぎる　たべ…　zu viel essen
病気　びょうき　Krankheit
体がだるい　からだ　schlapp sein
かぜをひく　sich erkälten, eine Grippe holen
熱を計る　ねつをはかる　Fieber messen
疲れている　つかれて…　müde, schlapp sein
耳なりがする　みみ…　ein Sausen in den Ohren verspüren
骨を折る　ほねをおる　Knochen brechen
転ぶ　ころぶ　hinfallen, stürzen
かわいそう　Mitleid mit jemandem haben, etwas nachfühlen
治る　なおる　heilen, gesund werden
お花見に行く　はなみ　Kirschblüte feiern
お酒　さけ　Sake, japanischer Reiswein
…を飲みすぎる　のみ…　zu viel trinken

60 Hören Sie die Gespräche und schreiben Sie die Namen zu den Symptomen.

上田 大川 頭が痛い	気分が悪い	熱がある
おなかが痛い	元気がない	骨を折った
体がだるい	とても疲れている	耳なりがする

E Bilden Sie mit den Satzteilen vollständige Aussagen wie in diesem Beispiel.

1 松井　ケーキ__食べすぎた　気分__悪い　おなか__痛い

松井さんはケーキを食べすぎたので、きぶんがわるくて、おなかもいたいです。

2 上田　かぜ__ひいた　頭__痛い　体__だるい

3 山本　ディスコ__ダンス__しすぎた　疲れている　耳なり__する

4 木村　ハイキングで転んだ　うでの骨__折ってしまう

5 大川　お酒を飲みすぎた　頭__痛い　気分__悪い

61 Hören Sie das Gespräch und tragen Sie den Weg am Plan ein.

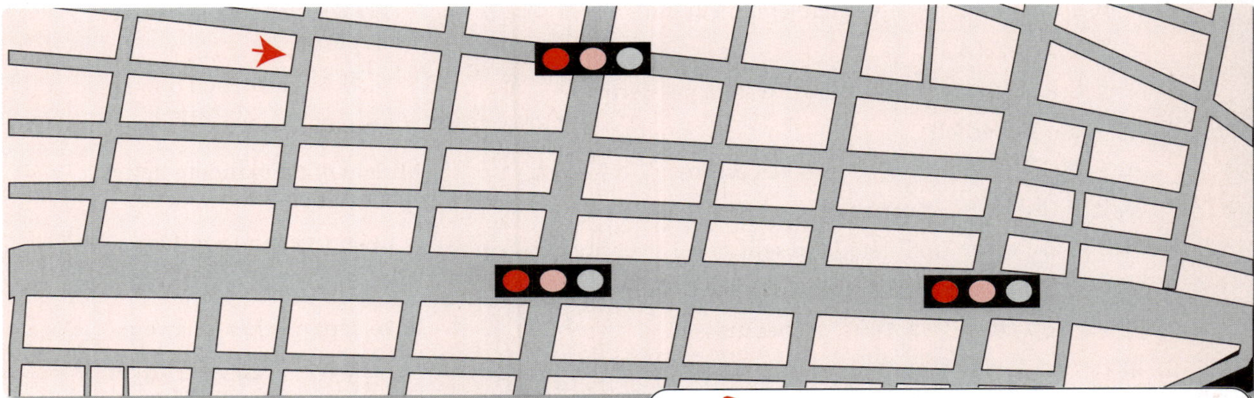

病 BYOU – KRANK

鼻 *HANA* – NASE

薬 YAKU, *KUSURI* – MEDIZIN
GRAS MACHT ANGENEHM

副 FUKU – NEBEN-, ZWEIT-

F Merken Sie sich diese Wörter und Kanji.

薬局	やっきょく	Apotheke
薬	くすり	Medizin, Mittel
薬屋	くすりや	Apotheke
鼻水が出る	はなみず	die Nase rinnt
せき		Husten
くしゃみ		Niesen
鼻づまり	はな…	verstopfte Nase
鼻にさす		in die Nase eintropfen
副作用	ふくさよう	Nebenwirkungen
強い薬	つよい	starke Medizin
お大事に	だいじ	Gute Besserung!

G Üben Sie mit einem Partner. A ist Kunde, B ist ApothekerIn. A verwendet die Dialogteile hier, B verwendet jene der nächsten Seite oben. B beginnt.

- あのう、鼻水が出るんですけど、
  何かいい薬がありますか。
- いいえ、鼻づまりと鼻水だけです。
- 副作用はありませんか。
- じゃあ、これをください。
- じゃあ、これで…

■ いらっしゃいませ。
■ せきやくしゃみは出ますか。
■ じゃあ、この薬がいいでしょう。一日三回鼻にさしてください。
■ いいえ、これは強い薬じゃありませんから、だいじょうぶです。
■ はい、860円です。
■ ありがとうございました。お大事に。

H Merken Sie sich diese Wörter und Phrasen.

医者　いしゃ　Arzt
Anrede für Ärzte ist 先生　せんせい
病院　びょういん　Krankenhaus
患者　かんじゃ　Patient
どうしました？　Was ist Ihnen passiert?
かぜをひいたみたい　Es scheint, ich habe mir eine Grippe geholt.
寒けがする　さむけ　Schüttelfrost bekommen
３８度　ど　38 Grad
のどが痛い　…いたい　Halsweh haben
薬を出す　…だす　Medikament verschreiben
うがいをする　gurgeln
寝る　ねる　sich hinlegen
治る　なおる　gesund werden
ゆっくり寝る　im Bett bleiben und sich ordentlich erholen

62 Hören Sie das Gespräch zwischen Patient und Arzt. Markieren Sie die Aussagen als richtig oder falsch.

① 患者さんはかぜを引いたみたいです。
② けさから寒けがして、熱があります。
③ 熱を計って、３９度ありました。
④ せきも出て、のども痛いです。
⑤ 鼻もつまっています。
⑥ お医者さんはかぜの薬と、のどの薬を出しました。
⑦ 家にかえったらよくうがいをしてはだめです。
⑧ 暖かくして寝ていなくてはいけません。
⑨ 二、三日ゆっくり寝ていれば治るでしょう。

Sehr häufig gibt es in Japan Kombinationen von Arztpraxis und Klinik, wo Patienten sowohl ambulant als auch stationär behandelt werden. Deshalb hat das Wort 病院 (びょういん) nicht die abschreckende Bedeutung wie im Deutschen.
Geht man zur ambulanten Behandlung in ein Krankenhaus, bekommt man nach der Diagnose auch die entsprechenden Heilmittel an Ort und Stelle ausgefolgt. Damit erspart man sich den Umweg zur Apotheke, die in Japan eher als Drogerieladen geführt wird, wo man nicht rezeptpflichtige Medikamente kaufen kann.

I Üben Sie diese Kanji.

医 医 医 医 医 医	I – MEDIZIN, HEILKUNDE	異 異 異 異 異 異	I – UNGEWÖHNLICH REISFELD AUF SPERRE
院 院 院 院 院 院	IN – INSTITUT DORF VOLLSTÄNDIG	常 常 常 常 常 常	JOU – NORMAL
患 患 患 患 患 患	KAN – LEIDEN SPIESS UND HERZ	湿 湿 湿 湿 湿 湿	SHITSU – FEUCHTIGKEIT
寝 寝 寝 寝 寝 寝	*NERU* – SCHLAFEN	布 布 布 布 布 布	FU – TUCH
段 段 段 段 段 段	DAN – STUFE	無 無 無 無 無 無	MU – NICHT, UN-

K Lesen Sie den Dialog und merken Sie sich die Wörter daneben.

■ どうしました。

◆ きのう階段から落ちて、足首をくじいたんです。少し冷やしたんですが、はれて痛くなってきたので…

■ じゃあ、まずレントゲンをとりましょう。

■ 骨に異常はありませんね。ねんざですね。湿布薬をあげますから、１日２回、朝と晩に貼り替えてください。あまり痛いようなら、痛み止めを出しますけど。

◆ じっとしていれば痛くないので痛み止めはけっこうです。

■ 痛む間は無理して歩かないようにしてください。

◆ はい、わかりました。ありがとうございました。

■ お大事に。

階段　かいだん　Treppe, Stiege
…から落ちる　…おちる　hinunterfallen
足首　あしくび　Knöchel
…をくじく　verstauchen
冷やす　ひやす　kühlen
はれる　anschwellen
レントゲンをとる　Röntgenaufnahme machen
異常　いじょう　außergewöhnlich
ねんざ　Verstauchung
湿布薬　しっぷやく　kaltes Umschlagspflaster
貼り替える　はりかえる　wechseln
痛み止め　いたみどめ　schmerzstillendes Mittel
じっとする　ruhig sitzen, liegen
…はけっこうです　Danke, nein.
痛む間　いたむあいだ　Während … schmerzt
無理して　むり　über die Grenze der Vernunft, wider besseres Wissen

22 日本への旅行 Nihon e no ryokou

A Was braucht man für eine Reise nach Japan? Setzen Sie diese Wörter richtig ein.

① 有効なパスポート
② ビザ
③ 入国カード
④ チケット
⑤ 日本円
⑥ クレジットカード

有効な　ゆうこう　gültig
ビザ　Visum
入国　にゅうこく　Einreise
現金　げんきん　Bargeld
旅行会社　りょこうがいしゃ　Reisebüro
必要　ひつよう　Notwendigkeit
三か月　さんかげつ　drei Monate (lang)
以内　いない　innerhalb

a 現金がなくても、＿＿＿＿＿＿＿＿＿＿で買い物ができます。

b 旅行会社で、日本行きの＿＿＿＿＿＿＿＿＿＿を買います。

c 日本に行くのに＿＿＿＿＿＿＿＿＿＿が必要です。

d ＿＿＿＿＿＿＿がないと、三か月以内に日本を出なくてはいけません。

e 入国の時、パスポートと＿＿＿＿＿＿＿＿＿＿を見せます。

f 旅行に出る前に、銀行でユーロを＿＿＿＿＿＿＿＿＿＿に替えます。

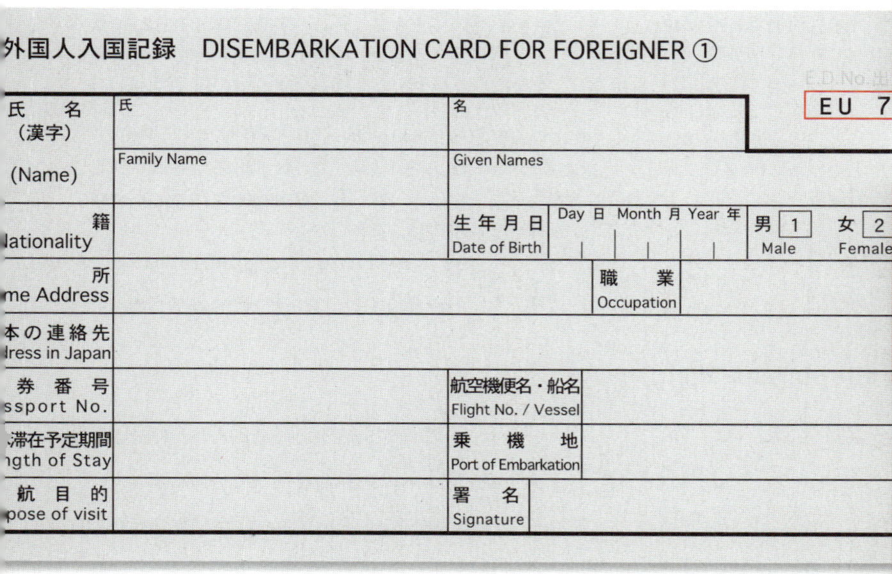
外国人入国記録　DISEMBARKATION CARD FOR FOREIGNER ①

E.D.No.出 EU 7

氏名（漢字）(Name)	氏 Family Name	名 Given Names	
籍 lationality		生年月日 Date of Birth	Day 日 Month 月 Year 年 / 男 1 Male / 女 2 Female
所 me Address		職業 Occupation	
本の連絡先 dress in Japan			
券番号 ssport No.		航空機便名・船名 Flight No. / Vessel	
滞在予定期間 ngth of Stay		乗機地 Port of Embarkation	
航目的 pose of visit		署名 Signature	

B Koffer packen – Verwenden Sie die Wörter aus der Liste unten und packen Sie Ihren Koffer. A beginnt mit einem Stück, B wiederholt dieses und fügt ein weiteres hinzu. C wiederholt die beiden vorigen und fügt wieder eines hinzu, D wiederholt alle und …

私はあした日本に行きます。**くつ**を持っていきます。
Ich fahre morgen nach Japan. Ich nehme **Schuhe** mit.

私もあした日本に行きます。**くつとズボン**を持っていきます。
Ich fahre morgen auch nach Japan. Ich nehme **Schuhe und Hosen** mit.

私もあした日本に行きます。**くつとズボンとスカート**を持っていきます。
Ich fahre morgen auch nach Japan. Ich nehme **Schuhe, Hosen und Röcke** mit.

うんどうぐつ	Sportschuh	スカート	Rock	Tシャツ	T-Shirt
くつ	Schuh	ブラウス	Bluse	Gパン	Jeans
ブーツ	Stiefel	ワイシャツ	Hemd	オーバー	Mantel
サンダル	Sandalen	ズボン	Hose	コート	leichter Mantel
スリッパ	Hausschuhe	セーター	Pullover	メガネ	Brille
くつした	Socken	トレーナー	Sweatshirt	ぼうし	Hut, Mütze, Kappe

Ausdrücke für Kleidung tragen

Man verwendet verschiedene Wörter für *Kleidung tragen*, je nachdem, **wie** man etwas anzieht.

…をかぶる **aufsetzen** …をかぶっています **auf dem Kopf tragen**

寒いときはぼうしをかぶります。 *Wenn es kalt ist, trage ich eine Mütze.*
…さんは赤いぼうしをかぶっています。 *Herr/Frau … trägt einen roten Hut.*

…を着る （きる） **über die Schultern anziehen** …を着ています **tragen, anhaben**

暑いときはいつもTシャツを着ます。 *Wenn es heiß ist, trage ich immer T-Shirts.*
…さんは青いコートを着ています。 *Herr/Frau … trägt einen blauen Mantel.*

…をはく **über die Beine anziehen** …をはいています **tragen, anhaben**

冬によくブーツをはきます。 *Im Winter trage ich oft Stiefel.*
…さんは黒いジーンズをはいています。 *Herr/Frau … trägt schwarze Jeans.*

…をぬぐ **ausziehen** (gilt für alle obigen Fälle)

あいさつの時ぼうしをぬぎます。 *Beim Grüßen nimmt man den Hut ab.*
コートをぬいで、らくにしてください。 *Zieh den Mantel aus und machs dir bequem.*
げんかんでくつをぬぎます。 *Man zieht die Schuhe im Vorzimmer aus.*

C Studieren Sie die Leuchtreklame und beantworten Sie diese Fragen.

① ホテルの名前は何と言いますか。
② 電話番号は何番ですか。
③ チェックインは何時からできますか。
④ チェックアウトは何時までですか。
⑤ ホテルにはレストランもありますか。
⑥ レストランはどこにありますか。
⑦ シングルはいくらですか。
⑧ ツインはいくらですか。
⑨ 写真には、何のへやが見えますか。

D Merken Sie sich diese Wörter und Phrasen.

へやを予約する　よやく
ein Zimmer reservieren

何名様でいらっしゃいますか。　なんめいさま
Wie viele Personen kommen?

何泊なさいますか。　なんぱく
Wie viele Nächtigungen (machen Sie)?

かしこまりました。　Verstanden, danke.

ご住所とお名前　ごじゅうしょ　と　おなまえ
Ihre Adresse und Ihren Namen

では、お待ちしております。　おまち
~ Wir freuen uns auf Ihren Besuch!

63 Hören Sie das Telefongespräch und finden Sie die richtige Reservierung.

浅草プラザホテル　1 名様
(シングル)　ダブル　ツイン　ファミリー
チェックイン　平成 12 年 7 月 15 日
チェックアウト　平成 12 年 7 月 20 日
ギフ 都府(県)　高山 (区)市町村
上山 2－15　☎ (0755) 69-1384
氏 鈴木　名 ゆみこ

浅草プラザホテル　1 名様
(シングル)　ダブル　ツイン　ファミリー
チェックイン　平成 12 年 7 月 17 日
チェックアウト　平成 12 年 7 月 20 日
ギフ 都府(県)　高山 区(市)町村
上山 2－15　☎ (0577) 63-9184
氏 鈴木　名 ゆみこ

E Angestellte im Dienstleistungssektor verwenden sehr höfliche Sprache *(keigo)*, die rot gekennzeichnet ist. Sie sollten das verstehen, aber als Kunde nicht verwenden. Ordnen Sie den höflichen Phrasen die entsprechenden normalen Wendungen in der rechten Spalte zu.

1 こちらは………でございます。 →	a ここは………です。
2 何名様でいらっしゃいますか。	b じゃ、待っています。
3 何泊なさいますか。	c ちょっと待ってください。
4 少々お待ちください。	d 何人ですか。
5 はい、かしこまりました。	e 何泊しますか。
6 では、お待ちしております。	f はい、わかりました。

64 Hören Sie das Telefongespräch und füllen Sie das Formular aus.

浅草プラザホテル ____名様

シングル　ダブル　ツイン　ファミリー

チェックイン　平成____年____月____日

チェックアウト　平成____年____月____日

____都府県____区市町村

____☎(　　)____

氏____名____

F Welche dieser Wörter bezeichnen keine Artikel zur Körperpflege?

おみやげ	シャンプー
かみそり	せっけん
カメラ	トイレットペーパー
くし	歯ブラシ
口べに	歯みがき
クリーム	プレステ

JapanerInnen reisen gewöhnlich mit wenig Gepäck, weil Hotels die für den Aufenthalt notwendigen Dinge, wie Handtücher, Seife, Kamm, Wegwerfzahnbürste, Zahnpaste und anderes gratis zur Verfügung stellen.

Dazu kommt noch ein leichter, langer Umhang, *Yukata* genannt, der abends und zum Schlafen getragen wird.

かみそり Rasierer　くし Kamm　口べに くちべに Lippenstift　せっけん Seife　歯みがき Zahnpaste

G Merken Sie sich diese Wörter und Phrasen.

観光案内所　かんこうあんないじょ　Touristeninformation
…を探す　さがす　… suchen
泊まる　とまる　übernachten
予算　よさん　Budget
お勧めの…　おすすめ　empfehlenswert
あまり遠くない　とおくない　nicht allzu weit
駅前　えきまえ　am Bahnhofsplatz

65 66 67 Hören Sie die Gespräche an der Touristeninformation und füllen Sie die Tabelle aus.

お客	何人？	何のへや？	予算？	ホテル？
1				
2				
3				

H Lesen Sie die Informationen und merken Sie sich die Wörter. Stellen Sie dann diese Aussagen richtig.

1 **Die MitarbeiterInnen eines japanischen Unternehmens können jederzeit leicht Urlaub nehmen.**
2 **Besonders beliebt sind mehrwöchige Badeaufenthalte im Süden Japans.**

日本人は海外旅行が好きですが、国内旅行にもよく行きます。日本の会社員は長い休みがとりにくいので、週末や連休などに二泊か三泊の旅行をすることが多いです。特に温泉旅行はさかんです。

海外　かいがい　Übersee
旅行　りょこう　Reise
国内　こくない　Inland
会社員　かいしゃいん　Firmenangestellte(r)
長い　ながい　lang
…をとりにくい　schwer zu nehmen
三泊　さんぱく　drei Nächtigungen
温泉　おんせん　Thermalquelle

3 **_Ryokan_ ist die Bezeichnung für große, modern ausgestattete Hotels mit geheizten Swimming-Pools.**

4 **Nach der Ankunft in einem _Ryokan_ gehen die Gäste an die Bar zu einem Willkommenstrunk.**

5 **Am Abend tragen die Frauen elegante Abendkleider, die Männer Anzug und Krawatte.**

宿泊には、和風の旅館がよく利用されます。旅館はきれいな畳のへやで、たいてい露天風呂もあります。午後旅館について、友だちや家族と一緒に露天風呂に入ります。お湯の中でゆっくりしながら話をします。露天風呂からでると、ふつうは旅館のゆかたを着ます。

宿泊　しゅくはく　Unterkunft
和風　わふう　traditionell japanischer Stil
旅館　りょかん　japanisches Hotel
…が利用される　りよう　benutzt werden
畳　たたみ　Reisstrohmatte
たいてい　meistens
露天風呂　ろてんぶろ　Bad unter freiem Himmel
家族　かぞく　Familie
お湯　ゆ　heißes Wasser
…ながら　während …
ゆかた　leichter, knöchellanger Umhang

6 **Abends sitzen die Gäste auf ihren Zimmern und essen internationale Einheitsküche.**

7 **Die Gäste machen sich die Betten selbst und müssen um zehn Uhr schlafen gehen.**

夜は座布団に座って、地方のおいしいものを食べたり飲んだりしながら楽しみます。寝る前にもう一度露天風呂に入る人もいます。

宿の人は、その間に各へやに布団をしいてくれます。布団にゆっくり寝て、次の朝に和風の朝ご飯を食べます。朝ご飯は魚やみそ汁やご飯などです。最近は、和食や洋食のバイキングのところもあります。

夜　よる　(am) Abend
座布団　ざぶとん　Sitzkissen
地方　ちほう　Region, Gegend
楽しむ　たのしむ　genießen
宿の人　やどのひと　Angestellte(r) des Hotels
その間に　あいだ　inzwischen
各…　かく　jeder, jede, jedes
布団　ふとん　Futon, Schlafmatratze
…をしく　ausbreiten
みそ汁　…しる　Suppe aus Bohnenstärke
最近　さいきん　in jüngster Zeit
和食　わしょく　japanische Küche, Essen
洋食　ようしょく　westliche Küche, Essen
バイキング　Frühstücksbüffett

8 Abendessen, Nächtigung und Frühstück im Ryokan sind für unsere Verhältnisse ziemlich billig.
9 Übernachten in *Minshuku* kostet zwar nur 8,000 Yen, aber dafür gibt es nichts zu essen.

和風の旅館は一泊二食でだいたい一万五千円で、ちょっと高いです。

旅館より民宿の方が安いです。

民宿は旅館より簡単な宿ですが、一泊二食でだいたい八千円ぐらいのところが多いです。

二食付きで　にしょくつき
inklusive Abendessen und Frühstück

だいたい　ungefähr

民宿　みんしゅく　japanische Pension

簡単(な)　かんたん　einfach

宿　やど　Unterkunft

I Üben Sie diese Kanji.

館 館 館 館 館 館
KAN – GEBÄUDE
ESSEN UND DACH MIT BAD

旅 旅 旅 旅 旅 旅
RYO – REISE
RICHTUNG MIT DREI REISENDEN

畳 畳 畳 畳 畳 畳
TATAMI – REISSTROHMATTE
REISFELD UND DECKEL MIT MATTE

泊 泊 泊 泊 泊 泊
HAKU – NÄCHTIGUNG
WASSERTROPFEN WEISS

露 露 露 露 露 露
RO – ENTHÜLLEN
REGEN AUF FUSS, JEDER

温 温 温 温 温 温
ON – WARM (WASSER)
WASSERTROPFEN, SONNE AUF BOTTICH

呂 呂 呂 呂 呂 呂
RO – ZUSTAND
RO AUF RO

泉 泉 泉 泉 泉 泉
SEN – QUELLE
WEISSES WASSER

湯 湯 湯 湯 湯 湯
YU – HEISSES WASSER
WASSERTROPFEN, SONNE, EIN VIERBEINER

宿 宿 宿 宿 宿 宿
SHUKU *YADO* – UNTERKUNFT
UNTER DACH INDIVIDUUM HUNDERTFACH

団 団 団 団 団 団
TON – GRUPPE
ZOLL MIT UMGRENZUNG

楽 楽 楽 楽 楽 楽
TANOSHII – ANGENEHM

民 民 民 民 民 民
MIN – VOLK

汁 汁 汁 汁 汁 汁
SHIRU – SUPPE
WASSERTROPFEN UND ZEHN

簡 簡 簡 簡 簡 簡
KAN – EINFACH
BAMBUS UND RAUM

付 付 付 付 付 付
TSUKU – DABEI SEIN
INDIVIDUUM MIT ZOLL

単 単 単 単 単 単
TAN – EINHEIT

68 Hören Sie das Gespräch an der Rezeption und stellen Sie die richtige Reihenfolge des Dialogs wieder her.

■ いらっしゃいませ。

■ お一人様ですか。

◆ カードでいいですね。

◆ 今夜、へやをとりたいんですけど、おねがいできますか。

◆ はい。

◆ はい。

■ はい、けっこうです。この書類に必要項目をご記入ください。

■ はい、けっこうです。おへやは８３６号でございます。
かぎをどうぞ。あちらにエレベーターがございますので、
８階でお降りになって、右手おくになります。

■ はい、ございます。朝食付きで８５００円です。

◆ はい。これでいいですか。

お一人様	おひとりさま	eine Person	…号	ごう	Nummer …
今夜	こんや	heute Abend	…階	かい	…tes Stockwerk
書類	しょるい	Formular	降りる	おりる	aussteigen
必要	ひつよう	Notwendigkeit	右手おく		rechts nach hinten
項目	こうもく	Punkte	朝食	ちょうしょく	Frühstück
記入する	きにゅう	ausfüllen	…付き	つき	inklusive

23 重要な語彙 *Juuyou na goi*

Der Vokabelteil enthält die wichtigsten Wörter und Phrasen, die in den vorangegangen Lernabschnitten verwendet wurden. Als schnelle, einfache Lernhilfe erhebt er keinen Anspruch auf Vollständigkeit und kann daher ein Wörterbuch nicht ersetzen.

Anders als in einem Nachschlagewerk sind die meisten Verben doppelt aufgelistet: einmal in der einfachen nicht-vergangenen Form, wie es in einem Wörterbuch üblich ist, und zusätzlich in der standard-höflichen Form, um Anfängern die Orientierung zu erleichtern. Nicht-vergangene Formen sowie Verlaufsformen sind mit der Ziffer [1] und vergangene Formen mit der Ziffer [2] markiert.

Als weitere Lernhilfe sind jene Verben auf **-iru** und **-eru** mit einem Stern (*) markiert, die die Endsilbe bei der Bildung der standard-höflichen Formen behalten. Vergleichen Sie diese Beispiele:

kaeru* 帰る heimgehen
bildet **kae<u>ri</u>-masu** etc.

kaeru 替える wechseln
bildet **kae-masu** etc.

Die wenigen Verben, die Unregelmäßigkeiten in der Formenbildung aufweisen, tragen zwei Sterne (**):

aru** ある existieren (unbelebt)	bildet die einfache Verneinung mit **na-**
da** だ Kopula „sein“	bildet standard-höfliche Formen **desu** etc.
iku** 行く gehen	bildet den Stamm der Bindeform mit **itt-**
kuru** 来る kommen	bildet standard-höfliche Formen mit **ki-**
suru** する tun, machen	bildet standard-höfliche Formen mit **shi-**

Echte Adjektive sind durch ein nachstehendes (na) gekennzeichnet:

benri (na) 便利（な） praktisch, bequem — **benri <u>na</u> mise**

---

abunai 危ない gefährlich
achira あちら dort drüben
aeroguramu アエログラム Aerogramm
Afurika アフリカ Afrika
agarimasu 上がります hinaufsteigen, -gehen [1]
agaru 上がる hinaufsteigen, -gehen
agemasu あげます geben, schenken [1]
ageru あげる geben, schenken
aida 間 zwischen
aimasu 会います treffen [1]
aisatsu あいさつ Gruß
aisu-kuriimu アイスクリーム Speiseeis
aisu-sukeeto アイススケート Eislauf
aite imasu 開いています offen sein [1]
aite iru 開いている offen sein
akai 赤い rot
akarui 明るい hell
akemasu 開けます aufmachen, öffnen [1]
akeru 開ける aufmachen, öffnen
aki 秋 Herbst
Akihabara 秋葉原 Stadtteil von Tokyo
akimasu 開きます aufgehen, sich öffnen [1]
aku 開く aufgehen, sich öffnen
akusesarii アクセサリー Zubehör, Schmuck
amai 甘い süß
amai mono 甘い物 Süßigkeit
amari + Verneinung あまり nicht besonders
ame 雨 Regen
Amerika アメリカ Amerika
anata あなた Sie, du

ane 姉 meine ältere Schwester
ani 兄 mein älterer Bruder
anime アニメ Anime (japanischer Zeichentrickfilm)
ankeeto アンケート Umfrage
annai 案内 Führer
aoi 青い himmelblau, dunkelgrün
Aomori 青森 Stadt in Nordjapan
apaato アパート Mietwohnung
are あれ das (Ding) dort drüben
arigatou gozaimashita ありがとうございました Danke schön!
arimasu あります existieren (unbelebt) [1]
aru** ある existieren (unbelebt)
aruite 歩いて zu Fuß
aruku 歩く zu Fuß gehen
asa 朝 (am) Morgen
asagohan 朝ご飯 Frühstück
ashi no yubi 足の指 Zehe
ashi 足 Fuß, Bein
ashikubi 足首 Fußknöchel
ashita 明日 morgen
asoko あそこ dort drüben
asu 明日 morgen
atama 頭 Kopf
atarashii 新しい neu
atarimasu 当たります (Ziel) treffen [1]
ataru あたる zutreffen, entsprechen
ataru 当たる (Ziel) treffen
atatakai 暖かい warm
-ate 宛て nach …
atsui 暑い heiß (Temperatur, Empfindung)
atto-maaku アットマーク @
au 会う treffen
au 合う passen
awasemasu 合わせます zusammenstellen [1]
awaseru 合わせる abstimmen, zusammenstellen
awatete あわてて schnell, überstürzt
azukaru 預かる verwahren
baai 場合 Fall
baatendaa バーテンダー Barkeeper
baikingu バイキング Buffet
baiku バイク Motorrad
banana バナナ Banane
bangohan 晩ご飯 Abendessen
bangou 番号 Nummer
-ban-sen 番線 Bahnsteig Nummer …
baransu バランス Gleichgewicht
baree-booru バレーボール Volleyball
barukonii バルコニー Balkon
basu バス Bus
basuketto-booru バスケットボール Basketball
basu-tei バス停 Bushaltestelle
bataa バター Butter
batsu ばつ durchgestrichen (Symbol für falsch)
beddo ベッド Bett
benri (na) 便利（な） praktisch, bequem
bentou 弁当 Lunchpaket
beru ベル Glocke
Berun ベルン Bern
Berurin ベルリン Berlin
betsu ni 別に nichts
bideo ビデオ Video
biiru ビール Bier
bingo ビンゴ Bingo
biru ビル Gebäude
biza ビザ Visa
boku 僕 ich (für Männer)
booifurendo ボーイフレンド Freund
boorupen ボールペン Kugelschreiber
boushi 帽子 Hut, Kappe
budou 武道 Kampfsport
buhin 部品 Ersatzteil
buranchi ブランチ Brunch
burausu ブラウス Bluse
butaniku 豚肉 Schweinefleisch
buutsu ブーツ Stiefel
byouin 病院 Krankenhaus
byouki 病気 Krankheit
chairoi 茶色い braun
-chaku 着 Ankunft
chekku-auto チェックアウト Auschecken, Abreise
chekku-in チェックイン Einchecken, Ankunft
chesu チェス Schach
chia-riidaa チアリーダー Cheerleader
Chiba 千葉 Stadt in der Nähe von Tokyo
chichi 父 mein Vater
chigaimasu 違います anders sein [1]
chigau 違う anders sein
chihou 地方 Region
chiimu チーム Team
chiizu チーズ Käse
chika 地下 unterirdisch

chikai 近い nahe
chikaku 近く in der Nähe
chikatetsu 地下鉄 U-Bahn
chiketto チケット Ticket
chizu 地図 Landkarte
chokoreeto チョコレート Schokolade
chotto ちょっと ein bisschen
choudo ちょうど genau
-choume 丁目 Unterteilung eines Stadtteils
choushoku 朝食 Frühstück
chuui 注意 Vorsicht
chuuka 中華 chinesisch
chuumon 注文 Bestellung
Chuurihhi チューリッヒ Zürich
chuusha 駐車 Parken
chuusha-ihan 駐車違反 Verstoß gegen Parkverbot
chuusha-jou 駐車場 Parkplatz
chuusha-kinshi 駐車禁止 Parken verboten
chuushin 中心 Zentrum
da** だ Kopula „sein"
daburu ダブル Doppel(zimmer)
daburu-beddo ダブルベッド Doppelbett
dai-fan 大ファン großer Fan
daigaku 大学 Universität
daijoubu 大丈夫 okay, in Ordnung
daikirai (na) 大嫌い（な） hassen
dainingu ダイニング Esszimmer, Essecke
daisuki (na) 大好き（な） sehr mögen
daitai だいたい ungefähr
dame だめ nutzlos, umsonst
dan 段 Dan (Grad des Fortschritts bei Kampfsport)
dandan だんだん allmählich
danshi 男子 Mann, männlich
dansu ダンス Tanz
dare 誰 wer
darui だるい matt
dasemasu 出せます aufgeben können [1]
daseru 出せる aufgeben können
dashimasu 出します aufgeben [1]
dasu 出す aufgeben
-de gozaimasu でございます sein (Höflichkeitssprache)
de で Partikel für 1. Instrument, Werkzeug „mit" 2. Ort, an dem eine Handlung stattfindet
deguchi 出口 Ausgang
dejikame デジカメ Digitalkamera
dekakemasu 出かけます weggehen [1]
dekakeru 出かける weggehen
dekimasu できます können [1]
dekiru できる können
demasu 出ます abfahren, weggehen [1]
demo でも aber
denchi 電池 Batterie
denki-gai 電気街 Verkaufsort für Elektrogeräte in Akihabara
denki-seihin 電気製品 Elektrogerät
densha 電車 Zug
denshi-renji 電子レンジ Mikrowellenherd
denshi-meeru 電子メール E-Mail
denwa 電話 Telefon
denwa-bangou 電話番号 Telefonnummer
depaato デパート Warenhaus
deru 出る abfahren, weggehen
deshita でした Vergangenheit der Kopula
desu** です Kopula „sein" [1]
desukara ですから deshalb
dezainaa-fasshon デザイナーファッション Designermode
disuko ディスコ Disco
disuku ディスク Disk(ette)
Disukuman ディスクマン Discman
Dizuniirando ディズニーランド Disneyland
-do 度 Mal, Grad
doa ドア Tür
dochira どちら welche(r) von zwei, wo
Doitsu ドイツ Deutschland
Doitsu-go ドイツ語 Deutsch
Doitsu-jin ドイツ人 Deutsche(r)
dono you ni どのように wie
dono どの welche(r) (von mehreren)
dono-gurai どのぐらい wie lange, wie viel
dore どれ welches Ding (von mehreren)
doresu ドレス Kleid
doru ドル Dollar
dotto ドット Punkt
dou itashimashite どういたしまして bitte, gern geschehen
dou shimashita どうしました Was haben Sie gemacht?
dou shita n'desu ka どうしたんですか Was haben Sie gemacht?
dou どう wie
doumo arigatou どうもありがとう Danke schön!
doumo どうも danke (informell)

doushite どうして warum, wie
douzo どうぞ (hier) bitte
do-youbi 土曜日 Samstag
Dyusserudorufu デュッセルドルフ Düsseldorf
e へ Partikel: nach, zu
e 絵 Bild
ebi えび Garnele
ebi-furai えびフライ panierte Garnele
ebi-karee エビカレー Curry-Reis mit Garnelen
ee ええ ja (ugspr.)
eeto ええと äh (Füllaut)
e-hagaki 絵はがき Postkarte
eiga 映画 Film
eigo 英語 Englisch
eigyou 営業 (in) Betrieb
eigyou-jikan 営業時間 Öffnungszeiten
ei-kaiwa 英会話 Englischkonversation
eki 駅 Bahnhof
en 円 Yen, japanische Währung
erebeetaa エレベーター Lift
esukareetaa エスカレーター Rolltreppe
faasuto-fuudo ファーストフード Fastfood
famikon ファミコン Heimcomputer
famirii ファミリー Familie
fan ファン Fan, Anhänger
Fuji-Tawaa 富士タワー Fuji-Tower
fuku 吹く (Wind) bläst
Fukuoka 福岡 Stadt in Kyushu
-fukuro 袋 Sack, Tasche, Tüte
fukusayou 副作用 Nebenwirkung
-fun 分 Minute
funabin 船便 Schiffspost
furaido-poteto フライドポテト Pommes frites
Furankufuruto フランクフルト Frankfurt
Furansu フランス Frankreich
furemasu 触れます berühren [1]
fureru 触れる berühren
furimasu 降ります (Niederschlag) fällt [1]
furoba 風呂場 Badezimmer
furu 降る (Niederschlag) fällt
futari 二人 zwei Personen
futatsu 二つ zwei Stück
futon 布団 Futon, Schlafmatratze
futsuka 二日 2. Tag des Monats
futsuu wa 普通は normalerweise
futsuu 普通 gewöhnlich, normal
fuyu 冬 Winter
ga が Partikel
gaarufurendo ガールフレンド Freundin
gaikoku 外国 Ausland
gaikoku-kawase 外国為替 ausländische Währung, Devisen
gakkou 学校 Schule
gakusei 学生 Student(in)
-gatsu 月 (Kalender-)Monat
geemu ゲーム Spiel
geemu-sentaa ゲームセンター Spielecenter
geemu-sofuto ゲームソフト Software für Computerspiele
genkan 玄関 Hauseingang, Vorraum
genki 元気 Energie, Wohlbefinden
genkin 現金 Bargeld
getsu-youbi 月曜日 Montag
ginkou 銀行 Bank
Ginza 銀座 Stadtteil von Tokyo
Ginza-sen 銀座線 Ginza-Linie (U-Bahn)
gitaa ギター Gitarre
go 五 fünf
-go 語 „Sprache von …"
go-chisou-sama ごちそうさま Danke für die Bewirtung!
go-chuui kudasai ご注意ください Achtung bitte, Vorsicht bitte
go-chuui ご注意 Vorsicht
go-chuumon ご注文 Ihre Bestellung
go-en(-dama) 五円（玉） fünf Yen (-Münze)
gogo 午後 (am) Nachmittag
go-han ご飯 gekochter Reis, Mahlzeit
go-hyaku-en(-dama) 五百円（玉） fünfhundert Yen (-Münze)
go-jousha ご乗車 Ihre Benützung (eines Verkehrsmittels)
go-juu-en(-dama) 五十円（玉） fünfzig Yen (-Münze)
go-juusho ご住所 Ihre Adresse
go-kinyuu kudasai ご記入ください bitte füllen Sie aus
gomoku-soba 五目そば Nudeln mit fünf Zutaten
gooruden-uiiku ゴールデンウィーク Goldene Woche
go-raiten ご来店 Ihr Besuch unseres Geschäfts
goro ごろ ungefähr um (Zeitpunkt)
gorufu ゴルフ Golf
gorufu-youhin ゴルフ用品 Golfausrüstung
go-ryoushin ご両親 Ihre Eltern
go-sen-en(-satsu) 五千円（札） fünftausend Yen (-Schein)
-gou 号 Nummer …

go-yosan ご予算 Ihre Preisvorstellung
gozaimasu ございます existieren (Höflichkeitssprache) [1]
gozen 午前 (am) Vormittag
gozen-chuu 午前中 im Lauf des Vormittags
Guraatsu グラーツ Graz
-gurai ぐらい ungefähr (Zeitraum)
guramu グラム Gramm
gurei グレイ grau
guriin グリーン grün
guruguru ぐるぐる im Kreis
gyuu-don 牛丼 Rindfleischeintopf auf Reis
gyuuniku 牛肉 Rindfleisch
gyuunyuu 牛乳 Kuhmilch
ha 歯 Zahn
ha-burashi 歯ブラシ Zahnbürste
hachi 八 acht
haha 母 meine Mutter
hai はい ja
-hai 杯 Zähler für Trinkgefäße
haiburiddo meeru saabisu ハイブリッドめーるサービス Hybrid-Postdienst
haiiro 灰色 grau
haikingu ハイキング Wandern
hairu 入る eintreten
hajimarimasu 始まります beginnen [1]
hajimaru 始まる beginnen
hajime 始め Beginn
hajime-goro 初め頃 (am) Anfang
hajimemashite はじめまして ≈ Nett, Sie kennen zu lernen.
hajimemasu 始めます etwas anfangen [1]
hajimeru 始める etwas anfangen
hakarimasu 計ります 測ります messen [1]
hakaru 計る 測る messen
Hakata 博多 Stadt im Norden von Kyushu
hakimasu はきます (von unten) anziehen [1]
hako 箱 Schachtel
haku はく (von unten) anziehen
-haku 泊 … Übernachtungen
hamigaki 歯磨き Zahnpaste
hamu ハム Schinken
hamu-eggu ハムエッグ Ham and eggs
hamu-sando ハムサンド Schinkenbrot
han 半 halb
hana 花 Blume
hana 鼻 Nase
hanami 花見 Kirschblütenfeier
hana-mizu ga deru 鼻水が出る die Nase tropft
hana-mizu 鼻水 Rotz
hanashi o suru 話をする plaudern
hanashi 話 Geschichte
hanashimasu 話します sprechen [1]
hanasu 話す sprechen
hana-zumari 鼻づまり verstopfte Nase
hanbaagaa ハンバーガー Hamburger
hanbaagu ハンバーグ faschiertes Laibchen, Frikadelle
hanbaagu-teishoku ハンバーグ定食 Menü mit faschiertem Laibchen, Frikadelle
Hanburuku ハンブルク Hamburg
handobaggu ハンドバッグ Handtasche
han-po 半歩 halber Schritt
Hanshin 阪神 1. Region von Osaka und Kobe 2. Profi-Baseball-Team
haraimasu 払います zahlen [1]
harau 払う zahlen
hare 晴れ heiter (Wetter)
haremasu はれます anschwellen [1]
hareru はれる anschwellen
harikaemasu 貼り替えます (Pflaster etc.) wechseln [1]
harikaeru 貼り替える (Pflaster etc.) wechseln
harimasu 貼ります aufkleben [1]
haru 春 Frühling
haru 貼る aufkleben
hashireru 走れる laufen können
hassha 発車 Abfahrt
hatachi 二十歳 20 Jahre alt
-hatsu 発 Abfahrt
hatsuka 二十日 20. Tag des Monats
hayai 速い schnell
hayaku 早く früh(zeitig)
hayaku 速く schnell
hee へえ Oho (Ausdruck des Erstaunens)
heijitsu 平日 Wochentag
Heisei 平成 Regierungszeit von Kaiser Akihito
heta (na) 下手（な） ungeschickt
hi 日 Tag, Sonne
Hibiya-sen 日比谷線 Hibiya-Linie (U-Bahn)
hidari 左 links
hidari-gawa 左側 linke Seite
hidari-shita 左下 links unten
hidari-te 左手 linker Hand
hidari-ue 左上 links oben

higashi-guchi 東口 Ostausgang
Higashi-Nihon 東日本 Ostjapan
higawari-teishoku 日替わり定食 Tagesmenü
hiji 肘 Ellbogen
Hikari ひかり Lichtstrahl, Name eines Schnellzugs
hikidasemasu 引き出せます abheben können [1]
hikidaseru 引き出せる abheben können
hikidashimasu 引き出します abheben [1]
hikidasu 引き出す abheben
hikikaeshimasu 引き返します zurückgehen [1]
hikikaesu 引き返す zurückgehen
hikimasu 引きます ziehen [1]
hikimasu 弾きます (Saiteninstrument, Klavier) spielen [1]
hiku 引く ziehen
hiku 弾く (Saiteninstrument, Klavier) spielen
hikui 低い niedrig
hima na toki 暇な時 in der Freizeit
hima 暇 Freizeit
hinata 日なた direkte Sonne(neinstrahlung)
hiragana ひらがな Hiragana-Schriftzeichen
hirakimasu 開きます (er)öffnen [1]
hiraku 開く (er)öffnen
hiroi 広い groß, geräumig
Hiroshima 広島 Stadt in Westjapan
hirugohan 昼ご飯 Mittagessen
hisashiburi 久しぶり nach langer Zeit
hito 人 Mensch, Leute
hito-hako 一箱 eine Schachtel
hito-koto 一言 ein Wort
hito-kumi 一組 eine Mannschaft, Gruppe
hitori de 一人で allein
hitori 一人 eine Person
hitotachi 人たち Leute
hitotsu 一つ ein Stück
hitsuyou na 必要な notwendig
hiyashimasu 冷やします kühlen [1]
hiyasu 冷やす kühlen
hiza 膝 Knie
-hodo ほど ungefähr
hoka no 他の andere
Hokkaidou 北海道 nördlichste der vier Hauptinseln
hokori ほこり Staub
hokutan 北端 Nordspitze
hon 本 Buch
-hon 本 Zähler für längliche Gegenstände
hondana 本棚 Bücherregal
hone 骨 Knochen
honjitsu 本日 heute
Honshuu 本州 größte der vier Hauptinseln
hontou ni 本当に wirklich
hontou 本当 Wahrheit
hon-ya 本屋 Buchladen
hoshii ほしい haben wollen
hotate ほたて Kammmuschel
hoteru ホテル Hotel
hotondo + bejahte Aussage ほとんど fast
hotondo + Verneinung ほとんど kaum, selten
hotto-doggu ホットドッグ Hot Dog
hou ga ii 方がいい es ist (wäre) besser, wenn …
hou 方 Richtung
housou sareru 放送される gesendet werden (Radio, TV)
housou suru 放送する (Radio, TV) senden
housoushimasu 放送します (Radio, TV) senden [1]
hyaku 百 hundert
hyaku-en(-dama) 百円（玉） hundert Yen (-Münze)
ibento イベント Veranstaltung
ichi 一 eins
ichi-ban 一番 Nr. 1, am meisten, am liebsten
ichi-en(-dama) 一円（玉） ein Yen (-Münze)
ichigo いちご Erdbeere
ichi-man-en(-satsu) 一万円（札） zehntausend Yen (-Schein)
ichi-nen-sei 一年生 Schüler(in) der ersten Stufe
ichi-nichi ni 一日に pro Tag
ichi-nichi-juu 一日中 den ganzen Tag
ie 家 1. Haus, 2. Familie
Igirisu イギリス England
ihan 違反 Gesetzesübertretung
ii いい gut
iie いいえ nein
iimasu 言います sagen [1]
ijou na 異常な ungewöhnlich
ikaga desu ka いかがですか Wie wäre es mit …
ikaga いかが wie
Ikebukuro 池袋 Stadtteil von Tokyo
ikemasu 行けます gehen können [1]
ikeru 行ける gehen können
-iki 行き nach …
ikimasu 行きます gehen [1]
ikkodate 一戸建て Einfamilienhaus
iku** 行く gehen
ikura いくら wie viel (kostet)

ikura-don いくら丼 Eintopf mit rotem Kaviar auf Reis
ima 今 jetzt
imasu います existieren (belebt) [1]
imasu 射ます schießen [1]
imouto 妹 jüngere Schwester
-inai 以内 innerhalb
inaka no hou 田舎の方 am Land
intaanetto インターネット Internet
intabyuu インタビュー Interview
interia-youhin インテリア用品 Interieur-Ausstattung
ippai いっぱい voll, genug
ip-pai 一杯 ein Glas
ip-po 一歩 ein Schritt
ippou-tsuukou 一方通行 Einbahn(verkehr)
irashite kudasai いらしてください Bitte kommen Sie.
irasshai いらっしゃい Kommen Sie herein!
irasshaimase いらっしゃいませ Kommen Sie herein! Willkommen!
iremasu 入れます einfüllen [1]
ireru 入れる einfüllen
irimasu いります brauchen [1]
iro 色 Farbe
iroiro いろいろ allerlei
iru* いる brauchen
iru いる existieren (belebt)
iru 射る schießen
isha 医者 Arzt
isogashii 忙しい sehr beschäftigt
isoide 急いで eilig
issei ni 一斉に alle gleichzeitig
issho ni 一緒に gemeinsam
isu いす Stuhl
itadakimasu いただきます ich erlaube mir zu nehmen
itadaku いただく nehmen, zugreifen
itai 痛い weh (tun)
itamae 板前 Koch, Chef
itamidome 痛み止め schmerzstillendes Mittel
itamu 痛む schmerzen, weh tun
Itaria イタリア Italien
itashimashou ka いたしましょうか … soll ich für Sie tun? (Höflichkeitssprache)
itashimasu いたします tun, machen [1]
itasu いたす tun machen (Höflichkeitssprache)
itsu いつ wann
itsuka 五日 5. Tag des Monats
itsumo いつも immer
itsutsu 五つ fünf Stück
ittai 一体 gemeinsam
itte (i)rasshai 行って(い)らっしゃい Gruß: „Geh und komm wieder zurück."
itte kimasu 行ってきます Gruß: „Ich gehe und komme wieder."
iu 言う sagen
jaa じゃあ also, na gut
jagaimo じゃがいも Kartoffel
jamu ジャム Marmelade
-ji 時 … Uhr
jidousha 自動車 Auto
jiinzu-shoppu ジーンズショップ Jeans-Shop
jikan 時間 Zeit, Stunde
jikoku 時刻 Uhrzeit
-jin 人 „Mensch aus …"
jinkou 人口 Einwohner(zahl)
jii-pan Gパン Blue Jeans
jitensha 自転車 Fahrrad
jitsu wa 実は in Wahrheit
jitto shimasu じっとします sich nicht bewegen [1]
jitto suru じっとする sich nicht bewegen
jogingu ジョギング Jogging
joshi 女子 Frau, weiblich
jousha 乗車 Benützung (eines Verkehrsmittels)
joutai 状態 Zustand
jouzu (na) 上手（な） sehr gut, geschickt
Juneebu ジュネーブ Genf
juu 十 zehn
juudou 柔道 Judo
juu-en(-dama) 十円（玉） zehn Yen (-Münze)
juusho 住所 Adresse
juusu ジュース Fruchtsaft
juu-yokka 十四日 14. Tag des Monats
juuyou (na) 重要（な） wichtig, bedeutend
ka か Partikel für 1. Fragebildung am Satzende 2. „oder" zwischen Substantiven
kaado カード Karte
kaban かばん (Akten-)Tasche
kabuki 歌舞伎 Kabuki (japanisches Theater)
kaburimasu かぶります (Kopfbedeckung) aufsetzen [1]
kaburu かぶる (Kopfbedeckung) aufsetzen
kachimasu 勝ちます siegen [1]
kaden-seihin 家電製品 Elektro-Haushaltsgerät
kado 角 Ecke
kaemasu 替えます wechseln [1]

kaemasu 買えます kaufen können [1]
kaerimasu 帰ります heimgehen [1]
kaeru* 帰る heimgehen
kaeru 替える wechseln
kaeru 買える kaufen können
kaeshimasu 返します zurückgeben [1]
kaesu 返す zurückgeben
kaette kimasu 帰ってきます nach Hause kommen [1]
kaette kuru 帰ってくる nach Hause kommen
kafee カフェー Café
kagi 鍵 Schlüssel
Kagoshima 鹿児島 Stadt im Süden von Kyushu
-kai 回 … Mal
kaidan 階段 Stufe, Stiege
kaigai 海外 Übersee
kaimasu 買います kaufen [1]
kaimono 買い物 Einkauf
kaisatsu 改札 Bahnsteigsperre
kaisha 会社 Firma, Unternehmen
kaisha-in 会社員 Angestellter einer Firma
kaite aru 書いてある es steht (geschrieben)
kajuaru-uea カジュアルウエア Freizeitkleidung
kakarimasu かかります (Zeit, Geld) brauchen [1]
kakaru かかる (Zeit, Geld) brauchen
kakeru かける 1. aufhängen 2. sich setzen
kakimasu 書きます schreiben [1]
kaku- 各 jede(r)
kaku 書く schreiben
kamaimasen かまいません Das kümmert mich nicht. [1]
kamera カメラ Fotoapparat, Kamera
kamera-ya カメラ屋 Fotogeschäft
kami 紙 Papier
kami-bukuro 紙袋 Papiersack
kami-no-ke 髪の毛 Kopfhaar
kamisori かみそり Rasierklinge
kamo shiremasen かもしれません vielleicht [1]
kamo shirenai かもしれない vielleicht
-kan 間 (Zeit-)Raum
kane 金 Geld, Metall
kani-don かに丼 Hummer auf Reis
kani-raamen かにラーメン Nudelsuppe mit Hummer
kanja 患者 Patient
kankaku 間隔 Abstand
kankoukyaku 観光客 Tourist
kantan (na) 簡単（な） einfach
kanzen (na) 完全（な） vollkommen, perfekt
kanzen ni 完全に vollkommen, ganz
kao 顔 Gesicht
kara から Partikel: aus, von, seit
karaa カラー Farbe
karada 体 Körper
karaoke カラオケ Karaoke
karate 空手 Karate
karee-raisu カレーライス Curry-Reis
karendaa カレンダー Kalender
kasa 傘 Regenschirm
kasaneru 重ねる aufeinanderlegen
kasetto カセット Kassette
kashikomarimashita かしこまりました verstanden (Höflichkeitssprache)
kata かた Person
kata 肩 Schulter
katakana カタカナ Katakana-Schriftzeichen
katazukeru 片づける aufräumen
katei 家庭 Haushalt, Familie
katsu 勝つ gewinnen, siegen
katsu-don カツ丼 paniertes Schweineschnitzel auf Reis
katsu-karee かつカレー Curry mit paniertem Schweineschnitzel
kau 買う kaufen
kawaisou(na) かわいそう（な） bemitleidenswert
ka-youbi 火曜日 Dienstag
kazan 火山 Vulkan
kaze o hiku 風邪を引く Erkältung, Grippe bekommen
kaze 風 Wind
kaze 風邪 Erkältung, Grippe
kazoku 家族 Familie
keeki ケーキ Kuchen, Torte
keesu ケース Hülle, Behälter
kega shimasu けがします sich verletzen [1]
kega suru けがする sich verletzen
keiba 競馬 Pferderennen
keitai-denwa 携帯電話 Mobiltelefon
keizai 経済 Wirtschaft
kekkou desu 結構です Es ist genug, danke.
-ken 軒 Zähler für Gebäude
Kenpou-kinenbi 憲法記念日 Tag der Verfassung
keshouhin 化粧品 Toiletteartikel, Kosmetikartikel
keshoushitsu 化粧室 Damentoilette
ki ga tsukimasu 気が付きます bemerken [1]
ki ga tsuku 気がつく bemerken
ki o tsukeru 気をつける aufpassen, vorsichtig sein

ki 木 Baum
ki 気 Geist, Energie
kibun 気分 Laune
kiiroi 黄色い gelb
kikai 機械 Maschine, Gerät
kikimasu 聞きます hören [1]
kiku 聞く hören, fragen
kimashita 来ました kam [2]
kimasu 来ます kommen [1]
kimemasu 決めます entscheiden [1]
kimeru 決める entscheiden
kin'en 禁煙 Rauchen verboten
kin'en-seki 禁煙席 Nichtraucherplatz
kinshi 禁止 Verbot
kin-youbi 金曜日 Freitag
kippu 切符 Fahrschein
kirai (na) 嫌い（な） nicht mögen
-kire 切れ Scheibe, Schnitte
kirei (na) きれい（な） schön
kiro キロ Kilogramm, Kilometer
kiru 着る (von oben) anziehen
kissaten 喫茶店 Café
kita 北 Norden
Kita-Itaria 北イタリア Norditalien
kitchin キッチン Küche(nabteil)
kitsuen 喫煙 Rauchen gestattet
kitsuen-seki 喫煙席 Raucherplatz
kitsui きつい eng
kitte 切手 Briefmarke
kitto きっと sicher, bestimmt
-ko コ，個 Zähler für schwer definierbare Gegenstände
ko(ra)remasu 来（ら）れます kommen können [1]
ko(ra)reru 来（ら）れる kommen können
kochira koso こちらこそ ganz meinerseits
kochira こちら hier (bei mir)
Kodomo no hi 子供の日 Tag der Kinder
koi 濃い dunkel (Farbe)
koko ここ hier bei mir
kokonoka 九日 9. Tag des Monats
kokonotsu 九つ neun Stück
kokoro 心 Herz
Kokumin no hi 国民の日 Tag des Volkes
kokunai 国内 Inland
komarimasu 困ります in einer misslichen Lage sein [1]
komaru 困る in einer misslichen Lage sein
komatta 困った ≈ verflixt
kome 米 Reis(korn)
komu コム com (bei Internetadresse)
komu 込む voll sein
komusubi 小結 vierter Sumo-Rang
kon 紺 dunkelblau
konban wa 今晩は guten Abend
konban 今晩 heute Abend
konbini コンビニ 24-Stunden-Laden
konde imasu 込んでいます voll, überfüllt sein [1]
kondo 今度 diesmal
kongetsu 今月 (in) diesem Monat
konnichi wa こんにちは guten Tag
kono この dieses … bei mir
konpyuuta コンピュータ Computer
konsaato コンサート Konzert
konsarutanto コンサルタント Konsulent, Berater
konshuu 今週 (in) dieser Woche
kon'ya 今夜 heute Abend
koochi コーチ Trainer
koohii コーヒー Kaffee
koonaa コーナー Ecke
koora コーラ Cola
kooto コート leichter Mantel
kore これ das (Ding) bei mir
kore kara これから jetzt, sofort
koro 頃 zur Zeit, als
korobimasu 転びます (hin)fallen [1]
korobu 転ぶ (hin)fallen
koshi 腰 unterer Rücken, Kreuz
-koto ga aru ことがある es kommt vor, dass …
-koto ga dekimasu ことができます … können
-koto ni suru ことにする bestimmen, dass …
kotoshi 今年 (in) diesem Jahr
kouban 交番 Wachstube
koucha 紅茶 schwarzer Tee
kougai 郊外 Vororte einer Großstadt
kouhan 後半 zweite Hälfte
koukan 交換 Austausch
koukou 高校 Oberstufenschule
koukousei 高校生 Oberstufenschüler(in)
koukou-yakyuu 高校野球 Oberstufen-Baseball
koukuubin 航空便 Luftpost
koumoku 項目 Punkt, Feld (in Formular)
kousaten 交差点 Kreuzung
Koushien-taikai 甲子園大会 Turnier im Koshien-Stadion
koushuu-denwa 公衆電話 öffentliches Telefon

kousou-biru 高層ビル Wolkenkratzer
koutsuu-kikan 交通機関 Verkehrsmittel
kowaremasu 壊れます (zer)brechen, kaputt werden [1]
kowareru 壊れる (zer)brechen, kaputt werden
kozutsumi 小包 Paket
kubi 首 Hals
kuchi 口 Mund
kuchibeni 口紅 Lippenstift
kudamono 果物 Früchte
kudasai ください 1. Bitte geben Sie mir, 2. Seien Sie so nett und …
kujikimasu くじきます (Knöchel etc.) überdrehen, verstauchen [1]
kujiku くじく (Knöchel etc.) überdrehen, verstauchen
-kumi 組 Gruppe
kumori 曇り bewölkt
kumoru 曇る Wolken ziehen auf
kuni 国 Land
kurashite imasu 暮らしています leben [1]
kurasu 暮らす leben
kurejitto-kaado クレジットカード Kreditkarte
kurejitto-sentaa クレジットセンター Kreditabteilung
kuremasu くれます jemand gibt mir, tut mir einen Gefallen [1]
kureru くれる jemand gibt mir, tut mir einen Gefallen
kuriimu クリーム Creme
kuroi 黒い schwarz
kuru** 来る kommen
kuruma 車 Auto, Wagen
kushami くしゃみ Niesen
kushi くし Kamm
kusuri 薬 Medizin, Heilmittel
kusuri-ya 薬屋 Apotheke
kutsu 靴 Schuh(e)
kutsushita 靴下 Socken
kyabetsu キャベツ Kohl
kyasshu-koonaa キャッシュコーナー Geldausgabeautomat
Kyojin 巨人 Riese (Name eines Baseballteams)
kyonen 去年 letztes Jahr
kyou きょう heute
kyoudai 兄弟 Geschwister
kyougi 競技 Wettkampf
kyoumi ga aru 興味がある sich interessieren für
kyoumi 興味 Interesse
kyoushitsu 教室 Klasse(nzimmer)
Kyouto 京都 alte Kaiserstadt
kyuu ni 急に plötzlich
kyuu 九 neun
kyuu-bureeki 急ブレーキ Notbremsung
kyuudou 弓道 Bogenschießen
kyuujitsu 休日 Feiertag
kyuuri きゅうり Gurke
kyuuryou 給料 Gehalt, Monatslohn
Kyuushuu 九州 südlichste der vier Hauptinseln
maajan マージャン Mahjong (chinesisches Spiel)
machi 町 Stadt
mada まだ noch
made まで Partikel: bis
mae 前 Vorderes
maegashira 前頭 dritter Sumo-Rang
magaru 曲がる abbiegen
-mai 枚 Zähler für flache Gegenstände
maido 毎度 jedes Mal
mairimasu 参ります kommen (Höflichkeitssprache) [1]
mairu 参る kommen (Höflichkeitssprache)
makudonarudo マクドナルド McDonald‘s
mamonaku まもなく in Kürze
man 万 zehntausend
manga まんが Manga (japanischer Comic)
mannaka まん中 Mitte(lteil)
manshon マンション Eigentumswohnung
maru ○ null
maru まる eingekreist (Symbol für richtig)
Marunouchi-sen 丸の内線 Marunouchi-Linie (U-Bahn)
massugu まっすぐ geradeaus
masutaado マスタード Senf
mata また wieder, weiters
mato ni ataru 的に当たる Zielscheibe treffen
mato 的 Zielscheibe
matsu 待つ warten
matsuri 祭り Fest
mawaru 回る sich drehen, im Kreis gehen
mazu まず zuerst
me 目 Auge
-me 目 Suffix für Ordnungszahlen
meeru-adoresu メールアドレス E-Mail-Adresse
-meetaa メーター Meter
megane メガネ Brille
Meiji-jidai 明治時代 Regierungszeit des Kaisers Meiji (1868–1912)
meisou 瞑想 Meditation
memai めまい Schwindelgefühl

menzu-uea メンズウエア Männerkleidung
meron メロン Melone
michi 道 Weg
Midori no hi 緑の日 Tag der Umwelt
midori 緑 hellgrün
migi 右 rechts
migi-gawa 右側 rechte Seite
migi-te 右手 rechter Hand
mikan みかん japanische Mandarinen
mikka 三日 3. Tag des Monats
mimasu 見ます sehen [1]
mimi 耳 Ohr
mimi-nari ga suru 耳鳴りがする Ohrensausen haben
mimi-nari 耳鳴り Ohrensausen
minami-guchi 南口 Südausgang
mina-san みなさん alle
minidisuku ミニディスク Minidisc
minshuku 民宿 einfache traditionelle Pension
miru 見る sehen
miruku ミルク Milch
mise 店 Geschäft, Laden
misemasu 見せます zeigen [1]
miseru 見せる zeigen
miso-shiru みそ汁 Miso-Suppe
-mitai desu みたいです so aussehen, als ob, scheinen
mitsukeru 見つける finden
Mitsushimaya 三島屋 fiktives Warenhaus
mittsu 三つ drei Stück
miyage 土産 (Gast-)Geschenk
mizu 水 kaltes Wasser
-mo ii desu ka もいいですか darf ich …
mochiron もちろん natürlich
modoru 戻る zurückkehren
mokuteki 目的 Ziel
moku-youbi 木曜日 Donnerstag
momiji もみじ Verfärbung des Laubs im Herbst
mono 物 Ding, Sache
moraeru もらえる bekommen können
morau もらう bekommmen, erhalten
Morioka 盛岡 Stadt in Nordjapan
moshi もし falls
moshimoshi もしもし Hallo (am Telefon)
motomemasu 求めます fordern [1]
motomerareru 求められる erforderlich sein
motomeru 求める fordern
motsu 持つ haben, besitzen
motte iku 持って行く mitnehmen
motte imasu 持っています haben, besitzen [1]
motto もっと mehr
mou hitotsu もう一つ noch ein Stück
mou ichi-do もう一度 noch einmal
mou もう schon
muika 六日 6. Tag des Monats
mune 胸 Brust
murasaki 紫 purpurfarben
muri shimasu 無理します sich überanstrengen [1]
muri suru 無理する sich überanstrengen
muttsu 六つ sechs Stück
muzukashii 難しい schwierig
Myunhen ミュンヘン München
myuuzuri ミューズリ Müsli
nagai 長い lang
nagame 眺め Aussicht, Fernsicht
nagasa 長さ Länge
Nagoya 名古屋 Stadt in Mitteljapan
-naide kudasai ないでください bitte … Sie nicht
naka 中 Inneres
nakaba goro 半ば頃 ungefähr zur Hälfte
nakunarimashita なくなりました gibt es nicht mehr, ist aus [2]
nakunaru なくなる ausgehen
-nakute wa dame desu なくてはだめです müssen
-nakute wa ikemasen なくてはいけません müssen [1]
-nakute wa ikenai なくてはいけない müssen
namae 名前 Name
nan 何 was
nana 七 sieben
nanatsu 七つ sieben Stück
nan-ban 何番 welche Nummer
nan-do 何度 wie oft, wie viel Grad
nanika 何か etwas
nanimo…nai 何も…ない nichts
nani-sen 何線 welche Linie
nan-ji 何時 wie viel Uhr
nan-kai 何回 wie viele Male
nan-mei sama de irasshaimasu ka 何名様でいらっしゃいますか Wie viele Personen werden kommen? (Höflichkeitssprache)
nan-mei sama 何名様 wie viele Personen
nan-nichi 何日 welcher Monatstag
nan-nichikan 何日間 wie viele Tage (lang)
nanoka 七日 7. Tag des Monats

nan-paku 何泊 wie viele Übernachtungen
nan-pun 何分 wie viel Minuten
nan-sai 何才 wie alt
naorimasu 治ります heilen, gut werden [1]
naoru 治る heilen, gut werden
naoshimasu 直します reparieren, ausbessern [1]
naosu 直す reparieren, ausbessern
narabimasu 並びます in einer Reihe stehen [1]
narabu 並ぶ in einer Reihe stehen
naraimasu 習います lernen [1]
narashimasu 鳴らします zum Läuten bringen [1]
narasu 鳴らす zum Läuten bringen
narau 習う lernen
narimasu なります werden [1]
naru なる werden
naruhodo なるほど aha, natürlich
nasaimasu なさいます Sie tun etw. (Höflichkeitssprache) [1] (Gegenstück zu **itasu**)
nasaru なさる Sie tun etw. (Höflichkeitssprache)
natsu 夏 Sommer
ne ね Verstärkung der Aussage, ≈ nicht wahr
nekutai ネクタイ Krawatte
nemasu 寝ます schlafen [1]
-nen 年 (Kalender-)Jahr
-nenkan 年間 … Jahre lang
nenrei 年齢 Alter
nenza ねんざ Verstauchung
neru 寝る schlafen
netsu 熱 Fieber
-ni chigai nai に違いない zweifellos
-ni kakete にかけて bis … hinein
-ni totte にとって für …
ni に Partikel für: 1. Richtung 2. Lage 3. Zeitpunkt 4. indirektes Objekt
ni 二 zwei
niaimasu 似合います passen, stehen (Kleidung, etc.) [1]
niau 似合う passen, stehen (Kleidung, etc.)
-nichi 日 … Tag des Monats
-nichikan 日間 … Tage lang
nichi-youbi 日曜日 Sonntag
nichiyouhin 日用品 Artikel für den täglichen Bedarf
Nihon 日本 Japan
Nihon-en 日本円 japanischer Yen
Nihongo 日本語 japanische Sprache
Nihon-ichi 日本一 größte(r) … in Japan
Nihon-jin 日本人 Japaner(in)
Nihon-ryokan 日本旅館 traditionelles japanisches Hotel
Nihon-sei 日本製 in Japan hergestellt
Nihon-shiriizu 日本シリーズ Playoff der Sieger der beiden Baseball-Ligen, maximal sieben Spiele
ni-juu-yokka 二十四日 24. Tag des Monats
niku 肉 Fleisch
-nikui にくい schwierig zu + Verb
ninki no aru 人気のある populär
ninki 人気 Beliebtheit, Popularität
ni-sen-en(-satsu) 二千円（札） zweitausend Yen(-Schein)
Nishi-Nihon 西日本 Westjapan
ni-shoku-tsuki 二食付き mit zwei Mahlzeiten, Halbpension
nite iru 似ている ähnlich sein
niwaka-ame にわか雨 Schauer
-no hou ga の方が Partikel für Vergleich
-no you ni のように wie …
no の Partikel für 1. Besitzverhältnis 2. Verbindung von Substantiven 3. Ersatz von Substantiven
-node ので weil …
nodo ga kawaita のどがかわいた Durst haben
nodo ga kawakimashita のどがかわきました Durst haben [1]
nodo のど Kehle
Noiuiido ノイウィード Neuwied (Stadt in Deutschland)
-nomi のみ nur …
nomimasu 飲みます trinken [1]
nomimono 飲み物 Getränk
nomisugi desu 飲みすぎ zu viel getrunken haben
nomisugiru 飲みすぎる zu viel trinken
nomu 飲む trinken
norikae 乗り換え Umsteigen
norikaemasu 乗り換えます umsteigen [1]
norikaeru 乗り換える umsteigen
norimasu 乗ります einsteigen [1]
noru 乗る einsteigen
Nozomi のぞみ Hoffnung, Name der schnellsten Zuggarnituren des Shinkansen
nugimasu 脱ぎます ausziehen [1]
nugu 脱ぐ ausziehen
nurashimasu ぬらします nass machen [1]
nurasu ぬらす nass machen
nureru ぬれる nass werden
nyuujouryou 入場料 Eintrittsgebühr
nyuukoku 入国 Einreise
nyuusu ニュース Nachrichten

o- お ehrendes Präfix

o を Partikel für direktes Objekt

o-agari kudasai お上がりください Bitte treten Sie ein. (Höflichkeitssprache)

o-azukari shimasu お預かりします ich nehme entgegen (Höflichkeitssprache)

o-baa-san おばあさん Großmutter

oba-san おばさん Tante

o-bentou お弁当 Lunchpaket

obi 帯 Gürtel

o-cha お茶 grüner Tee

ochimasu 落ちます fallen [1]

ochiru 落ちる fallen

OCN Name eines Providers

o-daiji ni お大事に Gute Besserung!

o-deguchi お出口 Ausgang

o-denwa お電話 Ihr(e) Telefon(nummer)

ODN Name eines Providers

o-genki desu ka お元気ですか Wie geht es Ihnen?

o-hairi kudasai お入りください Bitte kommen Sie herein. (Höflichkeitssprache)

o-hanami お花見 Kirschblütenfeier

o-hashi お箸 Essstäbchen

o-hayou gozaimasu おはようございます guten Morgen

o-hiru お昼 Mittag

o-hisashiburi desu お久しぶりです Wir haben uns lange nicht gesehen.

o-ikura おいくら wie teuer

oishii おいしい gut schmeckend

oishisou desu おいしそうです sieht lecker aus

o-jama shimasu おじゃまします Ich störe Ihre Ruhe. (Höflichkeitssprache)

o-jii-san おじいさん Großvater

oji-san おじさん Onkel

o-kaa-san お母さん Mutter

o-kaeshi お返し Retour(geld)

o-kage-sama de おかげさまで ≈ Danke der Nachfrage.

o-kake kudasai おかけください Bitte nehmen Sie Platz. (Höflichkeitssprache)

o-kaki kudasai お書きください bitte schreiben Sie (Höflichkeitssprache)

o-kane お金 Geld

okimasu 置きます setzen, stellen, legen [1]

Okinawa 沖縄 südlichste Inselgruppe Japans

okiwasureru 置き忘れる liegen lassen, vergessen

o-kome お米 Reis(korn)

okonaimasu 行います veranstalten

okonatte iru 行っている jetzt veranstalten [1]

okonau 行う veranstalten

oku 奥 Hinteres

oku 置く setzen, stellen, legen

okuremasu 送れます schicken können [1]

okureru 送れる schicken können

okuru 送る schicken

o-kyaku-sama お客様 Anrede für Kunden

o-machi kudasai お待ちください Bitte warten Sie. (Höflichkeitssprache)

o-machi shite imashita お待ちしていました Ich habe Sie erwartet. (Höflichkeitssprache)

o-machi shite imasu お待ちしています ≈ Ich freue mich auf Ihren Besuch. (Höflichkeitssprache)

o-machi shite orimasu お待ちしております ≈ Ich freue mich auf Ihren Besuch. (Höflichkeitssprache)

o-matase itashimashita お待たせいたしました Ich habe Sie warten lassen. (Höflichkeitssprache)

o-miyage お土産 (Gast-)Geschenk

o-mizu お水 kaltes Wasser

omocha おもちゃ Spielzeug

o-mochi desu ka お持ちですか Haben Sie …?

omoimasu 思います denken, meinen [1]

omoshiroi おもしろい interessant

omou 思う denken, meinen

onaji 同じ gleich

o-naka ga suita おなかがすいた Hunger haben

o-naka ga sukimashita おなかがすきました Hunger haben [1]

o-naka ga suku おなかがすく Hunger bekommen

o-naka お腹 Bauch, Magen

o-namae お名前 Ihr Name

o-nee-san お姉さん ältere Schwester

o-negai shimasu お願いします (Ich) bitte (um …) [1]

o-negai shitai お願いしたい ich möchte Sie bitten

ongaku 音楽 Musik

o-niai desu お似合いです das passt Ihnen gut (Höflichkeitssprache)

o-nii-san お兄さん älterer Bruder

o-niku お肉 Fleisch

onsen 温泉 Thermalquelle

oobaa オーバー warmer Mantel

oo-eru OL Büroangestellte

ooi 多い viel

ookii 大きい groß

o-ori ni naru お降りになる steigen Sie aus (Höflichkeitssprache)

o-ori no kata お降りの方 Fahrgast, der aussteigt

o-oroshi kudasai おおろしください bitte heben Sie (Geld) ab

Oosaka 大阪 zweitgrößte Stadt Japans

Oosutoraria オーストラリア Australien

Oosutoria オーストリア Österreich

oozeki 大関 zweiter Sumo-Rang

orenji オレンジ Orange

orenji-iro オレンジ色 orangefarben

Orikkusu オリックス Orix (Profi-Baseball-Team)

orimasu 折ります falten, biegen, brechen [1]

orimasu 降ります aussteigen [1]

oriru 降りる aussteigen

oroshimasu おろします (Geld) abheben [1]

orosu おろす (Geld) abheben

oru 折る falten, biegen, brechen

o-sake お酒 Reiswein, Sake, alkoholisches Getränk

o-sashimi お刺身 rohe Fischfilets

o-shibori おしぼり Tuch zum Händereinigen

oshiemasu 教えます zeigen, unterrichten [1]

oshieru 教える zeigen, unterrichten

oshiire 押入 Wandschrank

o-shiri お尻 Hintern

osoi 遅い 1. spät, 2. langsam

osore irimasu 恐れ入ります entschuldigen Sie (Höflichkeitssprache)

o-sushi お寿司 Sushi, gesäuerter Reis

o-susume お勧め Empfehlung

o-tachi no kata お立ちの方 Fahrgäste auf Stehplätzen

o-tameshi ni naru お試しになる probieren Sie (an), (Höflichkeitssprache)

o-tenki お天気 Wetter

o-tomari お泊り Ihre Übernachtung

o-tori kudasai お取りください bitte nehmen Sie

o-torikae itashimasu お取り替えいたします Ich tausche … um

otoshimasu 落とします fallen lassen [1]

otosu 落とす fallen lassen

o-tou-san お父さん Vater

otouto 弟 jüngerer Bruder

o-tsukamari kudasai おつかまりください Bitte halten Sie sich fest.

o-uchi お家 Ihr Zuhause

oudan-kinshi 横断禁止 Überqueren verboten

ouen suru 応援する unterstützen

ouen 応援 Unterstützung

ousetsuma 応接間 Wohnzimmer

owari goro 終わり頃 gegen Ende

o-wasuremono お忘れ物 Vergessenes, Verlorenes

o-yasumi nasai お休みなさい gute Nacht

oyatsu おやつ Jause, Brotzeit

o-yobi itashimasu お呼びいたします ich werde Sie aufrufen

o-yu お湯 heißes Wasser

paatii パーティー Party

pachinko パチンコ Pachinko

-pakku パック Packung

pan パン Brot

Parerumo パレルモ Palermo

Pa-riigu パ・リーグ Pazifikliga

Pashifikku-riigu パシフィック・リーグ Pazifikliga

pasokon パソコン PC

pasupooto パスポート Reisepass

pasuta パスタ Pasta, Nudelgericht

patokaa パトカー Streifenwagen

petto-youhin ペット用品 Haustier-Zubehör

piano ピアノ Klavier

pikunikku ピクニック Picknick

pinku ピンク rosa

pitchaa ピッチャー Werfer

pittari ぴったり (passt) wie angegossen

piza ピザ Pizza

posuto ポスト Briefkasten

pureeya プレーヤ Spieler

pure-sute プレステ Play Station

purinta プリンタ Drucker

purobaidaa プロバイダー Provider

puro-yakyuu プロ野球 Profi-Baseball

raamen ラーメン Nudelsuppe nach chinesischer Art

raberu ラベル Etikette, Aufkleber

raigetsu 来月 (im) nächsten Monat

rainen 来年 (im) nächsten Jahr

Raipuchihi ライプチヒ Leipzig

raishuu 来週 (in der) nächsten Woche

rajio ラジオ Radio

ranchi ランチ Mittagessen, Lunch

-rashii らしい scheinen, als ob

rediisu-uea レディースウエア Damenbekleidung

reeto レート Wechselkurs

rei 零 null

reibou 冷房 Klimaanlage

rei-soba 冷そば kalte Buchweizennudel
reizouko 冷蔵庫 Kühlschrank
remon レモン Zitrone
renji レンジ (Back-)Ofen
renkyuu 連休 aufeinanderfolgende Feiertage, verlängertes Wochenende
rentogen o toru レントゲンをとる Röntgenaufnahme machen
rentogen レントゲン Röntgenaufnahme
resutoran レストラン Restaurant
resutoran-gai レストラン街 Straße, Viertel oder Stockwerk im Warenhaus mit vielen verschiedenen Restaurants nebeneinander
retasu レタス Kopfsalat
ribingu リビング Wohnzimmer
riigu リーグ Liga
ringo りんご Apfel
Rintsu リンツ Linz
rippa (na) 立派（な） toll, großartig
riyou shimasu 利用します Gebrauch machen [1]
riyou suru 利用する Gebrauch machen
roku 六 sechs
rooru-puree-geemu ロールプレーゲーム Rollenspiel
roten-buro 露天風呂 Bad unter freiem Himmel
rouka 廊下 Gang
ryokan 旅館 traditionelles Hotel
ryokou 旅行 Reise
ryou 寮 Studentenwohnheim
ryoukin 料金 Gebühr
ryouri 料理 Küche, Essen
ryoushin 両親 Eltern
ryoushuusho 領収書 Rechnung, Quittung
saabisu サービス Service, Dienstleistung
sagaru 下がる zurücktreten, heruntersteigen
sagashimasu 探します suchen [1]
sagasu 探す suchen
Sahara サハラ Sahara
-sai 才 … Lebensjahre
saifu 財布 Geldbörse
saikin 最近 in jüngster Zeit
sain サイン Unterschrift
saita 最多 häufigst(er)
saizu サイズ Größe
sakan (na) さかん（な） beliebt
sakana 魚 Fisch
sake 酒 Reiswein, Sake, alkoholisches Getränk
saki ni 先に zuerst, als erste(r)
sakkaa サッカー Fußball
saku 咲く blühen
sakura 桜 Zierkirsche
-sama 様 Herr/Frau …
samui 寒い kalt (Temperatur, Empfindung)
samuke ga suru 寒気がする Schüttelfrost haben
samuke 寒気 Schüttelfrost
san 三 drei
sandaru サンダル Sandalen
sandoitchi サンドイッチ Sandwich
sanpo 散歩 Spaziergang
Sapporo 札幌 Stadt in Hokkaido
sarada サラダ Salat
saraishuu さ来週 (in der) übernächste(n) Woche
sashimasu さします (Medizin) eintropfen [1]
sashimi 刺身 rohe Fischfilets
sasu さす (Medizin) eintropfen
sayounara さようなら Auf Wiedersehen!
seeru セール Ausverkauf
seetaa セーター Wollpullover
-sei 製 hergestellt in …
seifuku 制服 Uniform
seigen 制限 Beschränkung
seikakusa 正確さ Genauigkeit
seishin 精神 Geist
seki 咳 Husten
sekiwake 関脇 dritter Sumo-Rang
sekken 石けん Seife
semai 狭い eng, schmal
semi-daburu セミダブル kleines Doppelbett
sen 千 tausend
sen 線 Linie, Strich
senaka 背中 Rücken
Sendai 仙台 Stadt in Nordostjapan
sen-en(-satsu) 千円（札） tausend Yen (-Schein)
senmenjo 洗面所 Waschraum
senshu 選手 Mitglied einer Mannschaft
senshuu 先週 letzte Woche
Sentoraru-riigu セントラル・リーグ Zentralliga
Se-riigu セ・リーグ Zentralliga
setsumei 説明 Erklärung, Anleitung
shanpuu シャンプー Shampoo
shashin 写真 Foto
shawaa シャワー Dusche
shi 四 vier
shiai 試合 Match, Begegnung, Spiel

shibaraku しばらく kurze Zeit
Shibuya 渋谷 Stadtteil von Tokyo
shichakushitsu 試着室 Umkleideraum
shichi 七 sieben
shichiria シチリア Sizilien
shigoto 仕事 Arbeit, Beruf
shii-dii CD CD
shiifuudo シーフード Meeresfrüchte
shiifuudo-karee シーフードカレー Curryreis mit Meeresfrüchten
Shikoku 四国 kleinste der vier Hauptinseln
shiku しく ausbreiten
shima 島 Insel
shimaru 閉まる zugehen, schließen
shimasu します tun, machen [1]
shimatta しまった Ausruf: ≈verflixt
shimau しまう etwas Unvorgesehenes passiert
shingou 信号 Ampel
shinguru シングル Einzelzimmer
Shinjuku 新宿 Stadtteil von Tokyo
shinri 真理 Wahrheit
shinrin 森林 Wald, Forst
shinsetsu (na) 親切（な） freundlich
shinshitsu 寝室 Schlafzimmer
shippuyaku 湿布薬 kalter Umschlag
shiroi 白い weiß
shirokuro 白黒 schwarz-weiß
shita 下 Unterteil
shite iru している gerade tun, machen
shitsurei shimashita 失礼しました Entschuldigen Sie vielmals!
shitsurei shimasu 失礼します Ich möchte mich verabschieden.
shiyougo 使用後 nach Gebrauch
shokuji 食事 Mahlzeit, Essen
shokuryouhin 食料品 Nahrungsmittel
shorui 書類 Formular
shosai 書斎 Arbeitszimmer
shouchou 象徴 Symbol
shouhizei 消費税 Konsumationssteuer
shousha 勝者 Sieger
shoushou 少々 kurz, ein wenig
shouyu しょう油 Sojasauce
shukuhaku 宿泊 Unterkunft
shusshin 出身 Herkunft
shutsujou suru 出場する auftreten
shutsujou 出場 Auftritt
-shuukan 週間 … Woche(n) lang
shuumatsu 週末 Wochenende
shuuri shimasu 修理します reparieren [1]
shuuri suru 修理する reparieren
shuuri 修理 Reparatur
soba そば Danebenliegendes
sofa ソファ Sofa
sofuto ソフト Software
-soku 足 ein Paar
sonota その他 etwas anderes, übriges
sooseeji ソーセージ Wurst, Würstchen
sore それ das (Ding) bei Ihnen
sorosoro そろそろ bald, in Kürze
soto 外 Äußeres
-sou da そうだ gehört haben, dass …
-sou desu そうです gehört haben, dass … [1]
sou そう so
subete すべて alle(s)
subuta 酢豚 chinesisches Gericht mit Schweinefleisch und Gemüse
-sugi 過ぎ 1. bei Uhrzeit: nach 2. nach Verb: zu viel + Verb
sugu すぐ gleich, sofort
Suisu スイス Schweiz
sui-youbi 水曜日 Mittwoch
sukaafu スカーフ Schal
sukaato スカート Rock
suki (na) 好き（な） mögen
sukii スキー Ski(lauf)
sukoshi 少し (ein) wenig
sukunai 少ない wenig, gering
sumimasen すみません entschuldigen Sie [1]
sumou 相撲 Sumo-Ringen
sumu 住む wohnen
sunakku スナック Snack
sunde imasu 住んでいます wohnen [1]
supiido スピード Geschwindigkeit
supootsu スポーツ Sport
supootsu-youhin スポーツ用品 Sportartikel
surakkusu スラックス leichte Herrenhose
surippa スリッパ Hausschuhe
suriraa スリラー Thriller
suru** する tun, machen
sushi 寿司 Sushi
sushi-ya 寿司屋 Sushi-Bar

sutando スタンド Lampe
suteeki-hausu ステーキハウス Steakhouse
suteeki ステーキ Steak
suteki (na) すてき（な） toll
sutereo ステレオ Stereo
sutoobu ストーブ (Heiz-)Ofen
suupaa スーパー Supermarkt
suutsu スーツ Anzug, Kostüm
suwarimasu 座ります sich setzen [1]
suwaru 座る sich setzen, sitzen
suzushii 涼しい kühl
tabemasu 食べます essen [1]
taberu 食べる essen
tabesugimasu 食べ過ぎます zu viel essen [1]
tabesugiru 食べ過ぎる zu viel essen
tabun たぶん vielleicht
tachiiri-kinshi 立ち入り禁止 Betreten verboten!
tachimasu 立ちます stehen [1]
-tai desu たいです (etwas tun) wollen
taihen (na) 大変（な） ernst, schwierig
taihen 大変 sehr
taikai 大会 Turnier
taishita たいした großartig, besonders
taisou 体操 Gymnastik, Turnen
taitei たいてい meist, meistens
takai 高い hoch, teuer
takusan たくさん viel
takushii タクシー Taxi
tamago 卵 Ei(er)
tamarimasu たまります sich ansammeln [1]
tamaru たまる sich ansammeln
tame ni ために um zu …
tameshimasu 試します anprobieren [1]
tamesu 試す anprobieren
tana 棚 Regal, Ablage
tanjoubi 誕生日 Geburtstag
tanjou-paatii 誕生パーティー Geburtstagsparty
tanoshii 楽しい lustig, vergnüglich
tanoshimimasu 楽しみます genießen [1]
tanoshimu 楽しむ genießen
tanren 鍛錬 Training
tatakaimasu 戦います kämpfen [1]
tatakau 戦う kämpfen
tatami 畳 Reisstrohmatte für Boden
tatsu 立つ stehen
-te mitai てみたい möchte versuchen, etw. zu tun
te 手 Hand
teeburu テーブル Tisch
tegami 手紙 Brief
teishoku 定食 Menü
tekubi 手首 Handgelenk
ten'in 店員 Verkäufer(in)
tenisu テニス Tennis
tenisu-sukuuru テニススクール Tennisschule
tenki-yohou 天気予報 Wettervorhersage
tenki 天気 Wetter
tennai 店内 im Geschäft
tenpura 天ぷら Garnelen, Fisch und Gemüse frittiert
terebi テレビ Fernsehen
tesuri 手すり Haltestange
tii-shatsu Ｔシャツ T-Shirt
-to chigatte と違って im Unterschied zu …
-to iwaremasu といわれます gesagt werden [1]
-to iwareru といわれる gesagt werden
to と Partikel: 1. „und“ 2. nach direkter oder indirekter Rede
todokeru 届ける zustellen
todoku 届く ankommen
toire トイレ WC
toiretto-peepaa トイレットペーパー Toilettenpapier
tokei 時計 Uhr
tokidoki 時々 manchmal
tokoro ところ Ort
toku ni 特に besonders
Tokushima 徳島 größte Stadt von Shikoku
tomarimasu 泊ります übernachten [1]
tomaru 泊る übernachten
tomato トマト Tomate
tomemasu 止めます etwas anhalten [1]
tomeru 止める etwas anhalten
tomodachi 友達 Freund(in), Bekannte(r)
tonari 隣 benachbart
tonkatsu 豚カツ paniertes Schweineschnitzel
tonkatsu-teishoku 豚カツ定食 Menü mit paniertem Schweineschnitzel
too 十 zehn Stück
tooi 遠い weit entfernt
tooka 十日 10. Tag des Monats
toori 通り Straße
toosuto トースト Toast
toosuto-pan トーストパン Toastbrot

toraberaazu-chekku トラベラーズチェック Reisescheck

toreenaa トレーナー Sweatshirt

tori ni iku 取りに行く holen gehen

Toriia トリーア Trier

torikaemasu 取り替えます umtauschen [1]

torikaeru 取り替える umtauschen

torimasu 取ります nehmen [1]

toriniku とり肉 Hühnerfleisch

toru 取る nehmen

toru 撮る (Foto) machen

totemo とても sehr

Touhoku 東北 Nordostjapan

Toukyou 東京 Hauptstadt Japans

Toukyou-Keeburu 東京ケーブル Tokyo Cable

Toukyou-Netto 東京ネット Tokyo Net

tsuaa ツアー Tour

tsugi 次 nächste(r)

tsuikyuu 追求 Streben, Suche

tsuin ツイン Zimmer mit zwei Einzelbetten

tsuitachi 一日 1. Tag des Monats

tsuite inai ついていない kein Glück haben

tsukaeru 使える benützen können

tsukaikata 使い方 wie man … benützt, Anleitung

tsukaimasu 使います benützen [1]

tsukamaru つかまる sich anhalten

tsukaremasu 疲れます müde werden [1]

tsukareru 疲れる müde werden

tsukarete iru 疲れている müde sein

tsukatte imasu 使っています gerade jetzt verwenden

tsukau 使う benützen, verwenden

-tsuki 付き mit …

tsukimasu 付きます dabei sein [1]

tsukimasu 着きます ankommen [1]

tsuku 付く dabei sein

tsuku 着く ankommen

tsukue 机 Schreibtisch

tsumaranai つまらない langweilig, fad

tsumari つまり das heißt

tsumarimasu つまります verstopfen [1]

tsumaru つまる verstopfen

tsumatte iru つまっている verstopft sein

tsumetai 冷たい kalt (Wasser, Wind, Hände etc.)

tsumori desu つもりです die Absicht haben

tsumori つもり Absicht

tsureru 連れる mitnehmen

tsurete iku 連れて行く mitnehmen

tsurikawa つり革 Haltegriff

tsutaemasu 伝えます mitteilen [1]

tsutaeru 伝える mitteilen

tsutomeru つとめる angestellt sein, arbeiten

tsutomete imasu つとめています jetzt arbeiten bei [1]

tsuu-ton-karaa ツートンカラー zweifärbig

tsuyoi 強い stark

uchi 家 mein Zuhause

uchigawa 内側 Inneres

udon うどん Suppe mit dicken Nudeln

ue 上 Oberteil

uebu-dezainaa ウェブデザイナー Webdesigner

ueetoresu ウエートレス Kellnerin

Ueno 上野 Stadtteil von Tokyo

ugai o suru うがいをする gurgeln

ugokimasu 動きます sich bewegen [1]

ugoku 動く sich bewegen

Uiin ウィーン Wien

umaremasu 生まれます geboren werden [1]

umareru 生まれる geboren werden

umi 海 Meer

umibe 海辺 Strand

una-juu うな重 Aal mit Sauce auf weißem Reis

undougutsu 運動靴 Sportschuhe

uni-don うに丼 Seeigel auf Reis

uriba 売り場 Verkaufsort, Abteilung

urimasu 売ります verkaufen [1]

uru 売る verkaufen

ushiro 後ろ hinteres

uta 歌 Lied

utau 歌う singen

utte imasu 売っています gerade verkaufen [1]

wa は Partikel für 1. bekanntes Subjekt 2. Satzthema (in Verbindung mit anderer Partikel)

waapuro ワープロ Textverarbeitung(s-Computer)

wafuu 和風 japanische Tradition

wagyuu suteeki-teishoku 和牛ステーキ定食 Menü mit Steak von japanischem Rind

wagyuu 和牛 japanisches Rind

wain ワイン Wein

waishatsu ワイシャツ Hemd

wakaremasu 分かれます sich trennen [1]

wakareru 分かれる sich trennen

wakarete iru 分かれている getrennt sein

wakarimashita わかりました verstanden haben [2]
wakarimasu わかります verstehen [1]
wakaru わかる verstehen
Wakkanai 稚内 nördlichste Stadt Hokkaidos
wariai 割合 Verhältnis, relativ
warui 悪い schlecht
washitsu 和室 Zimmer in traditionellem Stil
washoku 和食 japanisches Essen
wasuremono 忘れ物 Vergessenes, Verlorenes
wataru 渡る überqueren
watashi 私 ich (normale Form für Frauen und höfliche Form für Männer)
ya 矢 Pfeil
yado 宿 Unterkunft
yakiniku 焼肉 gegrilltes Rindfleisch
yakiniku-teishoku 焼肉定食 Menü mit gegrilltem Rindfleisch, meist mit Reis, Miso-Suppe und anderen Beilagen
yakitori 焼き鳥 Hühnerspießchen
yakkyoku 薬局 Apotheke
yakyuu 野球 Baseball
yama 山 Berg
-yama 山 Zähler
Yamanote-sen 山手線 Schnellbahn-Ringlinie in Tokyo
yamu o ezu やむを得ず ≈ unvorhersehbar
yaru やる tun, machen, ugspr.
yasai 野菜 Gemüse
yasui 安い billig
yasumi 休み Urlaub, Ferien
yatto やっと endlich
yattsu 八つ acht Stück
yobu 呼ぶ (auf)rufen
yoi よい gut (Vollform von **ii**)
yoka 余暇 Freizeit
yokatta よかった 1. Vergangenheit von **ii** 2. Ausruf ≈ Gott sei Dank!
yokka 四日 4. Tag des Monats
yoko ni 横に neben
Yokohama 横浜 Hafenstadt in der Nähe von Tokyo
yokozuna 横綱 höchster Sumo-Rang
yoku よく gut, viel, häufig
yomimasu 読みます lesen [1]
yomu 読む lesen
yon 四 vier
Yooroppa ヨーロッパ Europa
-yori より Partikel zum Vergleich
yoroshii よろしい gut
yoroshiku よろしく (Ich) bitte (um ...)
yoru 夜 (am) Abend
yosan 予算 Budget, Preisvorstellung
yotei 予定 Plan, Vorhaben
yottsu 四つ vier Stück
-you ni suru ようにする 1. so tun, als ob, 2. versuchen etw. zu tun
youka 八日 8. Tag des Monats
youkoso ようこそ willkommen
youshi 用紙 Zettel, Formular
youshoku 洋食 westliches Essen
yoyaku 予約 Reservierung
yu 湯 heißes Wasser
yubi 指 Finger
yubune 湯船 Badewanne
yukata ゆかた leichter Umhang für den Abend
yuki 雪 Schnee
yuki-matsuri 雪祭り Schneefest
yukkuri ゆっくり langsam, gemütlich
yume 夢 Traum
yumi 弓 Bogen
yurui ゆるい locker, zu weit
yuube 夕べ gestern Abend
yuubin 郵便 Post
yuubin-kyoku 郵便局 Postamt
yuubin-ya 郵便屋 Briefträger
yuukou (na) 有効（な） gültig
yuumei (na) 有名（な） berühmt
yuuro ユーロ Euro
yuushou 優勝 Sieg
zabuton 座布団 Sitzkissen
Zarutsuburuku ザルツブルク Salzburg
zazen 座禅 Zen-Meditation
zehi ぜひ unbedingt
zengo 前後 vorher und nachher, vorne und hinten
zenkoku 全国 ganzes Land
zenzen + Verneinung 全然 überhaupt nicht
zero ゼロ null
zubon ズボン Hose
zuremasu ずれます verschoben sein [1]
zureru ずれる verschoben sein
-zutsu ずつ je ...
zutto ずっと um vieles